# 「軽薄な破壊者」との戦い

2025年——
世界と日本の“断絶”を覆す!

猫組長（菅原潮）
Nekokumicho

ビジネス社

# はじめに

本書は緊急出版として執筆された。きっかけになったのは、２０２４年自民党総裁選が多くの人に与えた衝撃だ。

当初の小泉進次郎氏優勢を跳ね返した高市早苗氏と石破茂氏が争う展開となる。ところが総裁選を支配したのは「正々堂々」とは無縁の、あるいはカネが飛び交う永田町的権謀術数ともまったく違う、岸田文雄氏による卑劣な「嘘と裏切り」だった。

そして、政治人生を「裏切り」で貫き、最後は「嘘」で自民党員を騙した石破茂総裁への審判が、２０２４年10月27日の歴史的大惨敗である。

一連の現象を通底したのが「軽薄な破壊者」と「合理的現実主義者」の戦いだ。その戦いこそ２０２５年以降の日本とアメリカ、欧州を貫くテーマだと私は考えている。

そのことを示すモデルとして２０２４年の東京都知事選での「石丸伸二現象」を分析するところから始めた。有効な政策提案もできない、実務能力ゼロのただのディベーターが、計１６５万８３６３票も集めたことは、異様にしかみえない。

石丸氏に投じた層を私は「軽薄な破壊者」と名付けた。内容ではなく顔や名前、そして風だけで政治を選択する人たちである。従来ならば、そうした人たちは投票を棄権していたのだが、今回は投票行動まで行っている。「軽薄な破壊者」の質が変わったのではなく、分母が幾何級数的に増えたのだ。

石丸氏の得票率24・30％から考えれば、日本の実に１／４以上が「軽薄な破壊者」ということになる。この層の母体になったのが、戦後民主主義で大量生産した装置が急速に普及したＳＮＳだ。

ところがＳＮＳは同時に合理的現実主義者も生産した。合理的現実主義者は「石丸伸二」という人間そのものを、「石丸構文」にモデル化することに成功し、中身の薄さが周知された。「石丸構文」は「軽薄な破壊者」でも理解できるほど優れていたので、石丸氏の希求力が実像に追いつくようになった。

ところが石丸現象に群れた軽薄な破壊者の総数に目を付けたのが、自民党のキングメーカー、菅義偉氏である。菅氏が最初に担いだのは、憲政史上最軽量を遥かに超越した羽毛級政治家・小泉進次郎氏だ。この目論見は当初、成功を収め、進次郎氏は総裁選レースを独走する。

小泉純一郎政権、悪夢の民主党政権など、これまでも「バカを騙す政治」の成功例は多い。ただし「バカ」を騙していたのは、バカより高位な知性を有する為政者だ。

進次郎氏の特異なところは、低位の「バカ」が、高位の「軽薄な破壊者」を騙そうとした点だ。もっと異常なのは、その試みに対する批判が自民党内から起こらなかったことである。

進次郎現象を通じて露呈したのは、安倍政権という黄金期を経て、党内に大量の「軽薄な破壊者」を抱えることになった自民党の超絶劣化だ。誰の目にも明らかなように、選べば惨敗なのに石破氏を担ぎ、その結果、合理的現実主義者に見限られて大敗し、困窮しているのだから目も当てられない。

同様のことが起こりそうだったのが、アメリカ大統領選である。民主党が大統領候補として擁立したのが小泉進次郎氏と同レベルのカマラ・ハリス氏だ。ところが莫大なメディア対策費が、彼女を「有能な候補」に装飾してしまう。トランプ氏の公約実現を嫌った日本メディアは、カマラ・ハリス氏が無能と知っていながら、「選挙戦優勢」をねつ造した。

トランプ氏圧勝によって、元々喪失していたメディアへの信頼は、地に落ちることになった。

考えなければならないのはトランプ氏が作る新たなアメリカ社会だ。掲げられた「20の公約」の深層を精査すると「脱ＬＧＢＴ」「脱ＤＥＩ（多様性、公平性、包摂性）」「脱グリーン」など２０００年以降のリベラル支配下で構築されたアメリカ社会を、抜本的に転換する姿勢が見えてくる。

トランプ公約の真相が示すのは「次の世界像」であり、「次の日本像」だ。本書では、これらのことを解説、分析した。

２０２５年は日本存亡の危機にある。そのリスクが共有されることで、皆さんが正しい選択ができることが私の願いである。

猫組長（菅原潮）

# 「軽薄な破壊者」との戦い

目次

## 第1章 軽薄な破壊者の狂乱

## 第2章 嘘と裏切り・岸田氏の画策

## 第3章 小泉進次郎出馬が示す自民党の超絶劣化

# 第4章 なぜ逆大総裁・石破茂が誕生したのか

## 第5章 無能を有力候補にする情報暴力

## 第6章 逆襲のトランプと脱リベラルの世界再編

# 第1章

# 軽薄な破壊者の狂乱

## 軽薄な破壊者との分断

不安定な状況を見通すための羅針盤の一つが「テーマ」だ。現在起こっているイベント、また将来起こるであろうイベントに通底する「テーマ」を分析、理解しておけば、不透明な状況を見通す手助けになる。それは生き残るために必須のことだ。

２０２５年から数年を見通す「テーマ」は「分断」だと私は考えている。「分断」は使い古された言葉のように聞こえるかもしれないが、あえて提起したのは問題が「何と何が分断するか」にあるからだ。

２０２４年から生まれた「分断」はこれまでとは違う。「軽薄な破壊者」と「合理的思考を持つ現実主義者」の人々との新たな分断が発生したと、私は見ている。その主張の根拠が２０２４年に起こった東京都知事選における「石丸伸二現象」、さらには自民党総裁選である。総裁選で起こった「小泉進次郎現象」は「石丸現象」から連続して起こった。さらには自身を総裁にしてくれた安倍晋三元総理、麻生太郎氏を裏切った岸田文雄氏が、政治家人生を「裏切り」で貫いてきた石破茂氏を勝利させた。

有権者を裏切った衆院選で大惨敗するが、この当然の帰結を考えもしなかったのは自民党内に「軽薄な破壊者」が増殖したからだ。

石破おろしが過熱化している現在に至るまでのプロセスは、自民党内に「軽薄な破壊者」が増殖したことを示している。日本保守党が一気に国政政党になったのは「軽薄な破壊者」との分断の表れと言えるだろう。

このトレンドは日本に留まらない。

世界の覇権国アメリカでは大統領選が行われた。当初、現職大統領のジョー・バイデン氏を候補者にしていた米民主党だが、ドナルド・トランプ氏圧倒的優勢の状況で資金がショート。代わって「無能」と批判され続けた副大統領のカマラ・ハリス氏を擁立。選挙ではハリウッド・スターを動員し「軽薄な破壊者」を票田としたが失敗する。

実はアメリカは2016年頃から新たな南北戦争に突入しているというのが私の観測だ。ゆえにどちらが勝利しても分断は続く。

欧州議会選挙では「軽薄な破壊者」に対する嫌悪感から、伝統・文化を重んじる人々が躍進した。同様のことがヨーロッパ各国の選挙で起こっている。

「選挙」とは各世論の量を比較する場だ。各選挙で起きたことを整理することで日本だけではなく、世界でも「軽薄な破壊者」と「合理的思考も持つ現実主義者」が分断していることがわかるだろう。

「破壊」とは何らかの力を加えることで対象の形状や機能、性質などを喪失させる行為だ。ところが「軽薄な破壊者」は「破壊」の意味を理解せずに、「破壊」を行う。自覚がないゆえに罪の意識も、反省もない。

暴力団とは「暴力」をツールにした経済活動集団だ。ゆえに何かの意図を持って自覚的に暴力を行使する。その世界に住んだ私には、「軽薄な破壊者」が暴力団より遥かに暴力的で、驚異的に見える。

社会の中に「軽薄な破壊者」を量産したのはＳＮＳ（ソーシャル・ネットワーキング・サービス）だ。

私が世の中に認知されるようになったのは旧Twitterを中心に、発信したことがきっかけだ。私自身、「発信力」こそが次世代の武器になると考えて、意図的にＳＮＳを活用し、セルフプロデュースを行ってきた。「猫組長」は「ＳＮＳから生まれた」と言っても過言ではない。

暴力の本質、そしてＳＮＳの効果に詳しい私だからこそ、２０２５年以降のテーマが

「軽薄な破壊者」であるという認識にたどり着いた。ＳＮＳと軽薄な破壊者の関係を明らかにするために、ＳＮＳ登場以前と以降のマスと情報の関係を整理したい。

## ＳＮＳの功罪

ＳＮＳの特長はサイバー空間内で不特定多数と情報を交換できることだ。２０００年代以降、世界的に普及した。日本でもインターネット通信網の整備と比例して市民権を得るようになる。

黎明期のＳＮＳの代表が匿名巨大掲示板「2ちゃんねる」で、その後、コミュニケーションに特化した「mixi」や「GREE」が知名度を得た。

ＳＮＳ以前、情報はレガシーメディアを通じて「一方向的・バイ」の関係で伝達される構造だった。情報にはメディア側の意図が色濃く反映されていて、マス側には検証する方法さえなかった。赤旗、聖教新聞については言うまでもないが、朝日新聞を購読する家庭は朝日新聞的に、日経新聞を購読する家庭は日経新聞的思考になっていたのである。

そうした状況では部数と影響力は正比例するということで、社会をメディアのトーンに染めることも容易だった。その構造を利用して「従軍慰安婦問題」をねつ造し、流布した主犯が朝日新聞だ。

ところがSNSの普及によって情報は双方向・マルチに転換した。不特定大多数の人たちが、匿名、実名を交えながら複数の情報を比較し、意図を排した事実を検証することができるようになったのである（次ページ、図表1-1「メディアとSNS」参照）。

おかげで、リベラル系レガシーメディアの信用は失墜することになった。「正確に事実を伝える」というブランド価値が失墜したのだから、朝日新聞の部数が激減したのは当然のことだ。

弟分の毎日新聞、東京新聞に至っては、ほぼカルトとしか呼べないような極めてニッチな「赤いマーケット」を相手に、記者が感想文を連ねて糊口を凌《しの》いでいるのが現在のリベラルメディアの実像だ。

SNS以前は記者による「感想文」でさえ「金言」として崇められていたが、現在では「エモ記事」と呼ばれSNSで嘲笑の対象となっている。

このようにSNSは「功」として「合理的現実主義者」を生み出した。レガシーメディアの情報支配下では希少種だった層が急速に拡大したのである。

図表1-1　メディアとSNS

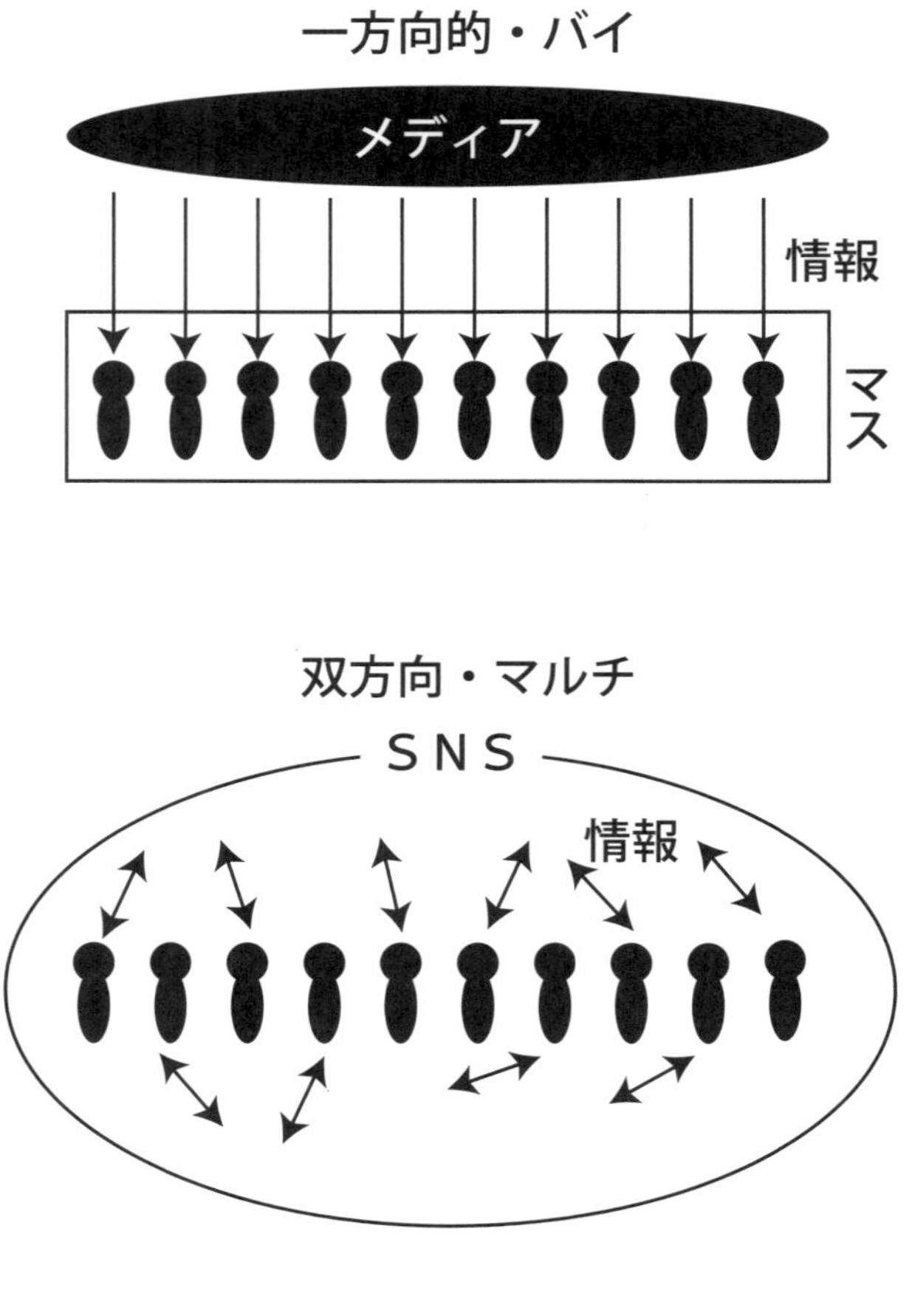

功の裏側には「罪」があるように、ＳＮＳは反対側で「合理的現実主義者」とは別の層を拡大させた。その結果、これまででは考えられないような存在を政治の世界に送り出すことにもなっている。ＳＮＳが情報の中心的役割を担うようになって、発信力がマネーを生む源泉となったことが大きい。

ＳＮＳの「罪」の典型例が、２０２４年４月28日に行われた東京15区補選で、およそ政治とはほど遠い愚行を演じ、挙げ句に逮捕された「つばさの党」である。

## 「迷惑」がマネーを生む

「YouTube」は閲覧数に応じて収入が増える仕組みが実装されている。成長期にある時「目立った方がカウントが回る」ということで「迷惑系」が流行したが、「つばさの党」のマインドは、まさに「迷惑系」と同様だ。

つばさの党代表の黒川敦彦氏は一時期、立花孝志氏のいわゆる「N国」でスタッフとして働いていたが、「つばさの党」がモデルにしているのは、立花氏が作り上げた「N国システム」だと私は考えている。

「N国システム」とは少人数でも議員を当選させることで、合法的に政党助成金を受け取る制度を利用したビジネスモデルだ。利権や権益の巣窟である「NHK」という権力を「敵」としたことで、スポンサーも集めることもできた。

国政選挙で当選させやすいのが参院の比例ということで、騒ぎを起こす→参院選での集票→マネーを作るというシステム構築に成功。ただし騒動には「大義」や「民意」がなければ支持は得られない。「N国システム」は「NHK」を敵にしたからこそ、支持を得た。その後の党名変更の中で支持を喪失したのは、「大義」を喪失したからに他ならない。

この「N国システム」から派生し、模倣したのが「つばさの党」である。最大の欠点は代表の黒川氏には立花氏ほどの知性が備わっていなかった点だ。「言ってることだけはまとも」という意見もあったが、そもそも「大義」など思いつく能力はないので、どっかからパクった言葉の切り貼りである。本当にまともなら言論で勝負を挑めば済む話だ。

能力ゼロの「つばさの党」は「目立つ場所」で「ただ騒げば勝ち」という発想にたどり着く。東京15区補選では同党候補として根本良輔氏が出馬したが黒川氏、根本氏の顔、服装、所作を見て仕事を任せたいと思う人がこの世の中に何人いるのだろうか——最下位という選挙結果が、この問いに対する答えだ。

「迷惑」に頼ることしかマネーを得ることができない気の毒な層だと、私は憐れんでいる。

ＳＮＳの発展と普及が、本来は社会のはじっこで鬱屈としている能力しかない層に、発信力という「パワー」を与えてしまったのだ。街の中で「迷惑」を起こすことによって小銭を稼ぐことしかできない連中が、たどりついた「舞台」が選挙だった。

## 逮捕は「おいしい」というメンタル

政治とは無関係に選挙の場で騒動を起こすのは、民主主義制度の破壊行為、すなわち「テロ」と同様の行為だ。重罪ということで日本最大の警察組織、警視庁の捜査２課が特別捜査本部を立ち上げて捜査にあたった。特捜となると予算は「警視庁捜査２課の担当部署」ではなく「警察」で、当然のことながら大規模なものになる。

２０２４年5月、黒川氏、根本氏らは「公職選挙法違反（選挙の自由妨害）」という極めて珍しい容疑で逮捕された。一般市民だと「珍しい容疑」と聞けば「同じようなことをする犯罪者がいなかった」と思うかもしれない。だが、「つばさの党」の場合は「ケースがない」ことが理由ではなく、既存の容疑では「起訴が難しい」ことが理由だ。

日本では起訴した時の、第1審における有罪率は約96・3％に達しており、無罪は0・2％、その他が3・5％だ。これは司法当局側が絶対に有罪にできそうな罪で逮捕していることを意味する。

自称とはいえ黒川氏の一件は「政治の案件」だ。政治に司法が介入するのだから失敗は許されない。おそらく、もっと簡単な容疑での逮捕も可能だったはずだ。その中でレアな容疑が選ばれたのは、相当綿密な打ち合わせが検察と警察の間で行われているとみるべきである。

こうした場合、まず第一の関門になるのが「捜査予算」だ。レアな容疑で立件、起訴、有罪となれば、かなり大規模で深い捜査を行わなければならない。「予算切れ」で打ち切りになる捜査はゼロではない。

「つばさの党事件」については、2024年5月の逮捕を皮切りに同年10月までに公職選挙法違反（選挙の自由妨害）容疑での逮捕は3回を数えた。「青天井」の予算が、逮捕チェーンに繋がっている。

だがこのような低俗なメンタルを持った集団だから、一連の逮捕は「むしろ知名度が上がるおいしい状況」と考えて、出所後の皮算用をせっせと弾いているに違いない。

## ＳＮＳが生んだ異様な乱立

前掲した図「メディアとＳＮＳ」が示しているのは、情報とマスの構造変化だけではない。「影響力が（インフルエンス）マネーを生む」のだから、それは同時に媒体の収益構造の変化を表している。

具体的に言えばＳＮＳ以前「広告、宣伝」の中心はテレビ、新聞などのマスメディアだった。ＳＮＳが情報の中心になるということは、広告、宣伝の中心媒体もＳＮＳになったということだ。

ＳＮＳ時代ではインフルエンサーになることがマネーを得る手段となった。

「影響力」を得るために、「つばさの党」のような一部無能が利用しているのが選挙だ。民主主義社会で政治の世界に参入するためには選挙によって、有権者の付託を得なければならないが、出馬のために必要なのが「供託金」である。

ところが影響力をマネーに転換できる時代にあって、供託金を「投資」と考えた人物が立花孝志氏である。選挙で掲示されるポスターは候補者の写真である必要性がない。そこでポスター掲示によって、得られる影響力を「商材」として「販売」したのである。

２０２４年７月７日の東京都知事選で立花氏率いるＮＨＫ党から出馬したのは19人の公認候補と関連する５人の計24人。５０００円～２万５０００円程度をＮ党に寄付すれば、都内約１万４０００カ所にあるポスター掲示板のうち１カ所で、寄付者が独自に作成したポスターを最大24枚貼れるとした。２０２４年東京都知事選では、一部掲示板に候補者と無関係の格闘家や動物の写真、女性向け性風俗店などのポスターが貼られることになる。

立花氏は自身のYouTubeチャンネルで、都知事選出馬を決めていた小池百合子氏、蓮舫氏の名前を挙げながら、

「お金も人も集まる組織は、蓮舫さんにしても小池百合子さんにしても１万４０００カ所のポスター掲示板は１日で貼ることができる。他の候補はほとんどが全部貼れないから、ポスターはやめよう」

と、このプロジェクトの意図を説明した。あえて愚行を犯すことで、旧態依然の政治制度の「愚かさ」をシニカルに批判するのが目的のようだが、その主張は、もちろん正しく伝わっていない。

そう考える根拠は、嫌悪感の方が強くなり、結果、ビジネスモデル自体が失敗したからだ。Ｎ党は最終的に延べ５２０人から計５５０万円程度の寄付があったと公表したが、立花氏は会見で「売り上げが高いか低いかでいったら大失敗で、儲からなかった」とした。都知事選の供託金は３００万円なのだから単純計算で24人出馬で支出は７２００万円。５５０万円程度では採算が合わない。

影響力についても同様だ。１万４０００カ所のうちの１カ所で得られる影響力はたかがしれている。同党は１０００カ所にポスターを貼ったとしたが、残りのＩ万３０００カ所は空白である。その空白を見て「ポスターは無駄だ」と思った人が何人いるだろうか。

このようにＳＮＳの普及によって「政治」には候補者と有権者の両方に、これまでとはまったく違う層が参入することになった。そのことが如実に表れた２０２４年東京都知事選を振り返って、さらに深層を追求していこう。

## 政治を軽量化させた破壊者

２０２４年東京都知事選の前哨戦と位置付けられていたのが、東京15区補選だ。この15

区補選のポイントは前述した「つばさの党」のようなSNSが生んだ迷惑系だけではない。

同選挙には参議院議員の須藤元気氏が出馬した。須藤氏は2019年7月参院選で立憲民主党から出馬し当選。2020年東京都知事選への立憲執行部の対応を巡って離党した。15区補選への出馬に伴って須藤氏は議員辞職する。

元格闘家という肩書きの須藤氏でさえ色モノだったのに、立憲の比例名簿の須藤氏の次に記載された人物は、元モーニング娘。の市井紗耶香氏である。須藤氏出馬に伴う失職によって繰り上げ当選となった。

当時の選挙で国政への熱意を訴えた市井氏だが、あろうことか、繰り上げ当選の辞退を訴える。もちろん、そのような制度は存在しないということで、わざわざ国会議員に就任して在職わずか93分で辞職した。

釈放されて警察署の門を出たところで再逮捕する「門前逮捕」のごとき滑稽な茶番である。まさに国政を舞台にした「軽薄な破壊者」そのものだ。この軽薄な蛮行を、「国政選挙に出ておきながら、身勝手にも1日も働くことなく辞退というのは、国政を馬鹿にした行為と思った次第だ」

と嘆いたのは、かの鈴木宗男氏である。親ロシア派を隠すことなく日本の外交・安全保障方針とは真逆の発言を繰り返す鈴木宗男氏の政治家としての評価はともかく、1968年以来、半世紀以上も永田町に関わってきた最古参であることは事実だ。市井紗耶香氏の一件を受けて、

「それにしても政治が軽くなった」

という鈴木氏の嘆きはあまりにも重い。

須藤元気氏、市井紗耶香氏を生んだのは立憲民主党の「色モノ路線」である。2024年5月27日には、立憲色モノ打線の始祖とも言うべき、元グラビアアイドルの蓮舫氏が東京都知事選への出馬を表明した。

ご当人は小池都政の「リセット」を訴え、義憤にかられての出馬を演出しているが、私はエセなものとしか聞こえなかった。というのはこれまで「蓮舫出馬」は何度も浮上し、そのたびに消えてきたからだ。本当に義憤に駆られているのであればとっくに出馬して挑戦していたはずである。

蓮舫氏が出馬した理由の第一は小池氏の弱体化だ。前回の衆院選、そして今回の東京15区補選と小池氏が推した候補はことごとく敗れている。選挙にだけは強いという小池神話

は「小池百合子本人」には通用するものの、周囲には通用しないことがわかった。

小池陣営に以前ほどのパワーはないと見て、「都知事」という権力を求めての出馬であることは疑いようがない。義憤ではなく打算が出馬の動機ということが導き出せる。

## 有権者をバカにするエア離党戦術

小池氏、蓮舫氏の間で行われた暗闘劇が「労働組合票」という巨大組織票の奪い合いだ。労組票を取りまとめている2大組織が「連合」と略称される「日本労働組合総連合会」と、日本共産党である。両者はイデオロギーの違いから相容れない水と油の関係だ。

連合は主に大企業の正社員を中心とした労働組合の連合体であり、資本主義の枠内で労働者の権利を守る「労使協調型」の労働運動を目指す。対して共産党は資本主義そのものを否定し、社会主義国家の成立を目指している。

連合側から見た日本共産党は暴力による資本主義破壊も厭わない暴力集団で、日本共産党側から見た連合は、資本主義の犬ということになる。ゆえに両者の間に緊張が恒常的に発生。連合は共産党との選挙協力に対して慎重な姿勢を示していて、共産党との協力を避けることが多い。

「立憲共産党」と総称されていたように、2024年都知事選当時の泉健太代表体制下の立憲は、日本共産党と選挙協力をする蜜月の関係だった。実際に蓮舫氏出馬にあたって共産党の田村智子委員長はXに、

「蓮舫さん、全力で応援します。清々《すがすが》しく力強い共闘を都知事選挙で築きたい」

とポストし、全面的に支える方針を打ち出している。蓮舫・田村両氏の関係は、かつての共産党の聖地「ソビエト」になぞらえて「ソビエト蓮舫」と呼ばれるようになった。

対する連合の芳野友子会長は「小池百合子知事と関係性は良い」と発言し、都知事選に出馬表明の蓮舫氏に「共産とは考え方がまったく違う」と蓮舫氏支援を行わない姿勢を示す。

小池支持ではないものの「ソビエト蓮舫」に嫌悪感を持つ有権者が小池氏に流れた。蓮舫氏が出馬表明したことで、むしろ小池氏の勝ち目が増えたのである。だからこそ小池氏は告示日（2024年6月20日）の約1週間前の12日まで沈黙を守った。蓮舫氏が騒げば騒ぐほど耳目を集め、「アンチソビエト蓮舫票」が自分に集まるからだ。

対する蓮舫氏は小池氏の出馬表明同日に立憲民主党からの離党を公表。このことで「脱

左翼」と「不退転」の姿勢を演じた蓮舫氏だが、その浅はかな「エア離党戦略」は有権者に見抜かれているようだ。

「離党」したにもかかわらず東京都内に点在する決して豊かとは言えない共産党の票田地区の駅前で蓮舫氏のビラ配りをしているのは、どこからどう見ても日本共産党のご老人の皆さんである。

また立憲幹部は蓮舫氏の演説に集まる聴衆の数を見て勝利の皮算用を弾いてコメントしたが、その聴衆も共産党による「動員」である。

リベラルメディアを中心に蓮舫氏の「勢い」が喧伝されたが、SNS時代の有権者は、「勢い」を本気で受け取らない。現在の有権者の能力をバカにしていると怒りを買う愚策となった。

## 都民セカンドVS都民ファシスト

このように2024年都知事選は当初、小池氏、蓮舫氏による「都民セカンドVS都民ファシスト」の構図だった。どっちが当選しても有権者は一つも得をしない。なぜなら両者の政治家としての能力には決定的な欠落があるからだ。

小池百合子氏が実務能力の極めて低い政治家であることは安倍晋三元総理も『回顧録』（中央公論新社）で明らかにしている。そのことが事実であることを示しているのが公約達成率だ。２０１６年都知事選で公約として掲げた「７つのゼロ」のうち達成したのは「ペット殺処分ゼロ」のみ。そのことに対する批判が集まった２０２０年の都知事選では、「７つのゼロ」を撤回した。

対する蓮舫氏も実務能力の低さは小池氏に勝るとも劣らない。蓮舫氏の政治家としての知名度を一気に全国区にした一件が２００９年の事業仕分けだ。だが、この民主党の目玉政策自体がパクりだったことは、あまり知られていない。

実は、事業仕分けは、民主党政権の一つ前の麻生政権までに調査が終わっていたプロジェクトだった。リーマン・ショック対応などで着手できなかった政策を、民主党がちゃっかりいただいた。そのデータを元に有権者受けを狙って、カメラの前で官僚を叩く姿を演じたのが、かの有名な、

「2位じゃダメなんでしょうか？」

のセリフだ。わずかでも科学に対する知識があればこのような発言はしない。今日まで

## 資料写真1-1 都連対応への通達

令和６年６月１４日

総支部長　殿
各級議員　殿

自由民主党東京都支部連合会
会　長　萩生田　光　一
幹事長　三　宅　茂　樹

### 都知事選挙に対する東京都連の対応について

日頃より都連に対しご協力を賜り厚く御礼申し上げます。
標記都知事選挙について、都連は去る6/10の都連大会に代わる臨時総務会において下記３点の方針が了承されました。

第一に、
蓮舫による共産党主導の革新都政を絶対阻止しなければならないこと。
第二に、
小池都知事が出馬する場合（※）は、自民党は小池都知事への全面支援を行うこと。　（※）先般6/12に出馬を表明
第三に、
今後、支援の方法等については、都連四役にご一任いただくこと。

◎自民党は小池都知事の推薦は行わない方向です。
（小池都知事は政党の推薦を受けないスタンス）

◎都議会議員補欠選挙について
都知事選挙に伴う８選挙区で行われる都議会議員補欠選挙において、
わが党公認候補の必勝のため、都連全組織の総力結集をお願い致します。

＜候補者情報等 別紙参照＞

**資料写真1-2** 蓮舫氏と共産党

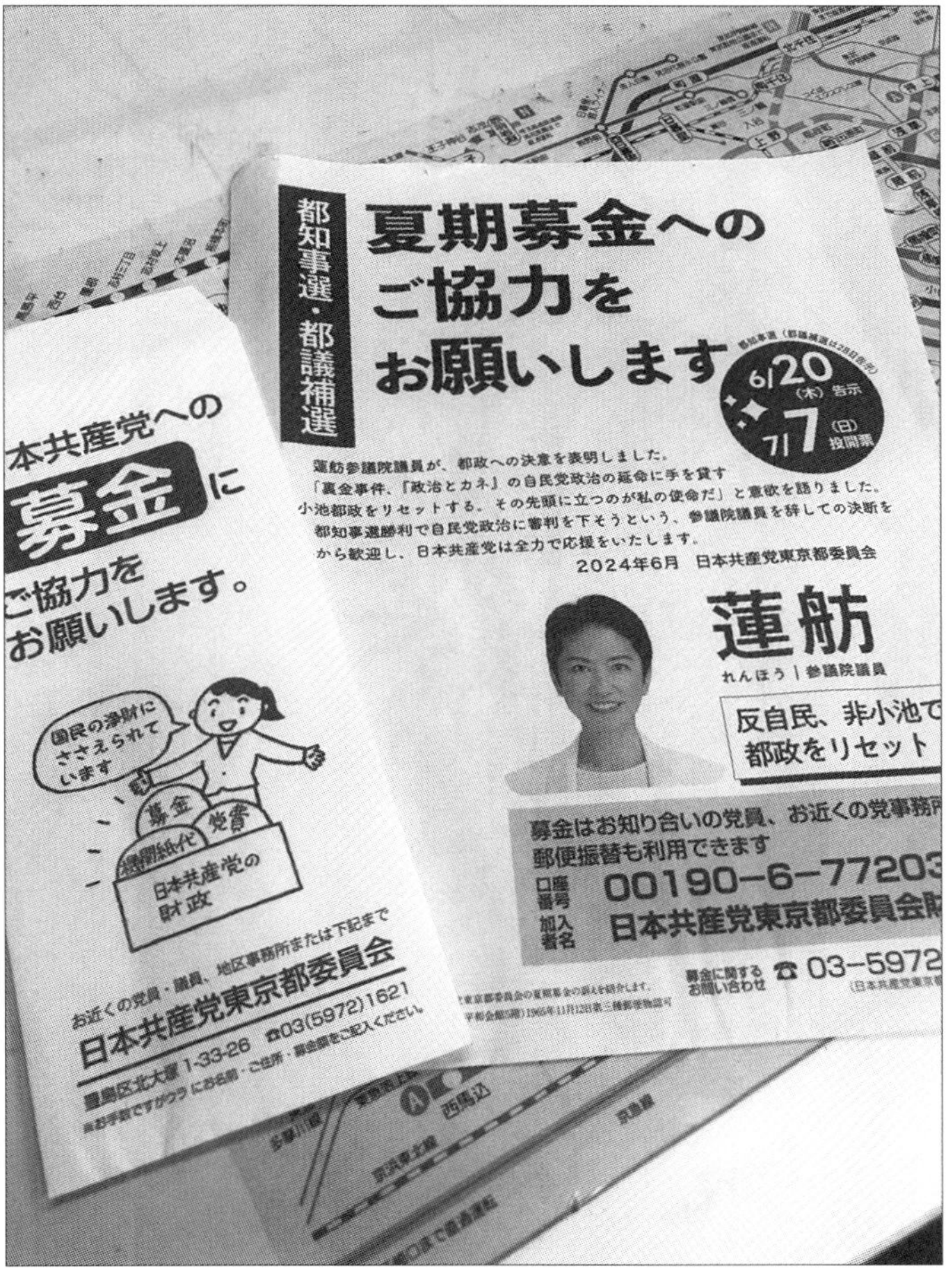

蒸し返されるのは自業自得と言えるだろう。

「小池都政のリセット」を訴えた蓮舫氏の選挙公約には、「小池都政のパクリ！」という突っ込みが入れられたが、それは今に始まった話ではないということだ。

蓮舫氏もまた政策立案という実務能力さえないまま永田町を遊泳してきた政治家ということで「都民セカンドVS都民ファシスト」となっていた。

実務能力がゼロの2人の対決は自民・公明・維新などが小池氏を推し（資料写真1－1「都連対応への通達」）、立憲・共産党が蓮舫氏を推す組織票のぶつけ合いになった。自民党が以下の通達を出しているのがその証左だ。

離党を表明し脱左翼を装った蓮舫氏だが、すでに共産党の集金マシーンになっていることがSNS上で拡散されることになった（資料写真1－2「蓮舫氏と共産党」）。

## 軽薄な破壊者を利用する

この「都民セカンドVS都民ファシスト」の対立構図の中に割って入ってきたのが、元広島県安芸高田市長だった石丸伸二氏だ。

注目したいのは石丸氏が「軽薄な破壊者」を動員したことである。まずは石丸氏の経歴を整理しよう。

１９８２年８月12日に、広島県高田郡吉田町（現・安芸高田市）に生まれ、同町で育つ。京都大学経済学部を卒業後、三菱東京ＵＦＪ銀行に入行。約４年半のアメリカ勤務を経験する。

２０２０年７月３日、広島県安芸高田市長の児玉浩氏は、２０１９年参院選広島県選挙区をめぐり、衆議院議員の河井克行から現金計60万円を受け取ったことの責任をとり市長を辞職。副市長の竹本峰昭氏が市長選挙に立候補することが報じられる。これを知った石丸氏は対抗馬として出馬を決意し、銀行を辞職。２０２０年８月９日に行われた市長選挙で、竹本氏を破って安芸高田市長に就任した。

石丸氏の政治手法は「小泉劇場」と呼ばれた小泉純一郎氏の総理時代の手法と酷似している。「古いもの」を「悪」と位置付け、「抵抗勢力」と戦う自分を「正義」と思い込ませる手法だ。

こうした「劇場型政治」を好むのが「軽薄な破壊者」の特徴だ。

「自民党をぶっ壊す」というキャンペーンはまさにそれで、「古い自民党＝悪」という図式を有権者に認知させることで、長期政権を達成した。

ただし、小泉氏が破壊したのは自民党でもなんでもなく、日本そのものだ。「日本らしさ」を喪失した日本に生きる多くの日本人が、格差にさらされ苦しみ続けている。

小泉政治が目指した本質を認識せず「純ちゃん劇場」に拍手喝采を送り、最後は自分が苦しむ結果になったのだ。まさに「軽薄な破壊者」ではないか。

当時、小泉氏が武器にしたのも「発信力」である。小泉時代に存在せず、現在、存在するのがＳＮＳだ。石丸氏はＳＮＳを通じて安芸高田市で「石丸劇場」を展開した。

特にやり玉に挙げたのが「居眠り議員」である。居眠り自体を肯定する気持ちはないが、たかが地方都市の市議会での居眠りを、全国に「さらし首」にする残虐性が私には理解できない。そのことをメディアに追求されると、今度は「メディア」を「抵抗勢力」としてＳＮＳを通じて批判した。

２０２０年の国勢調査によれば、安芸高田市の年齢別人口構成は15歳未満が10％、15歳〜64歳48％、65歳以上が42％と、地方都市の高齢化の典型的な構図になっている。ＳＮＳでの発信は市内の有権者よりも全国の若年層の「軽薄な破壊者」の支持を集めた。

## プロレス、地下格闘技ファンと同じメンタル

「古いもの」「メディア」に対してルサンチマンを募らせているのが、ＳＮＳを住居にする若年層である。デモをするわけでも、テロを起こすわけでも、抗議の声を上げるのでもなく、ただＳＮＳを読んで鬱屈した憎悪を募らせ日々を過ごす。

その鬱屈を代弁する石丸氏のレトリックにカタルシスを覚えたのが「軽薄な破壊者」たちだ。石丸氏が成人式で新成人に向けた、

「是非、これからそれぞれがかっこいい大人になってください。どうか心を燃やし続けてください」

という発言は「石丸政治」を象徴していると私は思う。文字にすると「凡庸」どころか「陳腐」以外の評価が思いつかない。ところが劇場によって感化された「軽薄な破壊者」には、成人式の言葉も「金科玉条」に思えてしまう。こぞってＳＮＳに発信して「軽薄な破壊者」を再生産していった。辞任時に石丸氏は在任４年で、

「できることとすべてやりきった」

と胸を張るが、有権者が選んだ次の市長は反石丸派だった。それもそのはずで多くのことを発信していたが、何もしていないことが露見したからだ。

このように整理すれば石丸氏の武器は「政策立案能力」ではなく、「発信力」であることがわかるだろう。実際に都知事選でも石丸陣営の選挙カーには「ＳＮＳ投稿ＯＫ」「撮影・拡散ＯＫ」と印刷されたステッカーがでかでかと貼られていた。感化された「軽薄な破壊者」が拡散したことで、約５０００人もの「軽薄な破壊者」がボランティアとして志願したという。

そうして集まった軽薄な破壊者は、「ネット選対」として後援会のYouTubeやTikTokで、演説シーンを拡散。より広大な「軽薄な破壊者」を集めることになった。

選挙期間中、石丸氏が選挙カーの上に立つと、「伸二！　伸二！」というコールと手拍子が起こる。まるでプロレスや地下格闘技のノリだ。強靱な肉体を持ったレスラーや格闘家に自己投影して、自身の代わりにカタルシスを達成してくれるのがファンのメンタルだ。

石丸氏にとっての「強靱な肉体」に当たるのが、「石丸構文」と名付けられたディベート術である。

## 空っぽの箱

広島の一地方で勝手に「抵抗勢力」を名指しして劇場を開催しているうちは注目度もニッチなものだった。が、全国区のニュースとして取り上げられる「東京都知事選」は規模が違う。「軽薄な破壊者」の対極側にいる、大量の「合理的思考を持つ現実主義者」が「石丸伸二」を分析し始めたのである。

特に注目されたのが選挙特番でのインタビューだ。社会学者を自称する古市憲寿氏、あるいは元乃木坂46の山崎怜奈氏との短い対談はＳＮＳ上で文字化され、都度、炎上することになった。

というのは、石丸氏が、以下の３つのレトリックを繰り返し、時間切れに持ち込んでいることが明らかになったからだ。いわく、

①質問をオウム返しにする
②煙に巻く
③攻撃的な言葉を織り交ぜる

相手の質問をそのまま問い返し、論点をずらし、時折、相手を揶揄するような発言で威圧する――石丸三段論法を、整理すればヤクザの掛け合い（交渉）レトリックそのものだ。石丸氏のディベート術は「構文」としてモデル化され、嘲笑の対象となっていった。その最高傑作が「サブウェイの買い物」である。ご存じの方もいるかもしれないが、サブウェイはサンドイッチのファーストフード店で、お客が細部まで好みを指定して注文することができる。

石丸「ＢＬＴで」
店員「パンの種類は何に？」
石丸「私パンの種類の話しました？」
店員「おすすめのハニーオーツでよろしいですか？」
石丸「私、ＢＬＴって言いましたよね」
店員「だから改めてパンの種類を聞いてるんですけど、ＢＬＴのパンの種類はどうしますか？」
石丸「同じ質問を今繰り返されてます？　さっき答えたばっかりですけど」

店員「だからそのパンの種類を聞いているんです」
石丸「え？　もう１回言えってことですか？」
店員「いや、まだ答えてもらってないから聞いてるんです。石丸さんの注文するＢＬＴで……」
石丸「え？　注文はＢＬＴってさっき言ったばっかりですよ」
店員「整理しましょう。石丸さんはまずＢＬＴを注文されましたよね。一方で石丸さんはまだパンの種類を指定されていない。パンの種類はどうされるんですか？」
石丸「ん？　さっきの注文の話は？」
店員「だからその注文を聞いてるんです。パンの種類はどうするかっていう注文の問題です」
石丸「え？　だからだからパンの種類じゃなくて、注文を聞いてるってことでよろしいですか？」
店員「石丸さんはＢＬＴを注文してるわけじゃないですか。そこまで合ってますよね？　一方でパンの種類は選んでないわけですよね、今ね」
石丸「もうちょっとまとめて質問してもらっていいですか？」

テレビ番組ならここで時間切れ。視聴者は「石丸さんすげー」の印象をすり込まれることになるだろう。この「石丸構文」はラーメン二郎や吉野家、マクドナルドなどにアレンジされ、あっという間にSNSで拡散された。「軽薄な破壊者」を騙すことはできても、残りの半分を騙すことはできなかったようである。

## 「軽薄な破壊者」の恐るべき勢力

このように、冷静に整理していけば、石丸氏のレトリックがもたらすのは、政策実現のための議論ではなく、ディベートの勝負だけということが導き出せる。

何やら石丸批判に聞こえるかもしれないが、ここからが本題だ。石丸氏の一件で明らかになったのは、この世の中にどれほど多くの「軽薄な破壊者」が存在しているかということだった。それを示すのが、都知事選の以下の選挙結果だ。

1　小池氏　得票数計291万8015票　得票率42・77％

2　石丸氏　得票数計165万8363票　得票率24・30％

3　蓮舫氏　得票数計128万3262票　得票率18・81％

前述したようにこれまで「軽薄な破壊者」に頼ってきた小池氏だが、今回はアンチ日本共産党票と、連合票が流れることになった。だが石丸氏に投票したのはピュアな「軽薄な破壊者」である。

そう考えられる根拠の一つが小池氏の得票数の変化だ。前回の2020年都知事選で小池氏は366万1371票取ったということで、今回は約74万票減らした。

その74万票の大部分は、2020年から存在した「軽薄な破壊者」と考えるべきだ。

ここまで分析したことを整理すれば公約ゼロの小池氏と石丸氏の間に政治家としての能力差はない。例えば築地市場の有明移転、コロナ禍における対応、東京五輪における会場見直し――小池都政と呼ばれるものは小池氏が一方的に「敵」を作って、喚《わめ》いて目立つことである。小池氏こそ小泉純一郎政権が生んだ無能政治家ということだ。唯一、長けている能力が「選挙」である。

小池氏、石丸氏のような中身のない劇場型政治家を支持する層にとって必要なのは政治家としての能力ではない。「名前」「容姿」そして「ドラマ」だ。小池劇場に飽きたからこそ、74万人は新しい名前、容姿、ドラマを求めて石丸氏に飛びついた。

74万人は全体の得票率で約1割に値する。チャンネルを切り替えるがごとき軽薄さを持った層が1割も存在すること自体が脅威だ。

しかも石丸氏のトータルの得票数は74万票に、91万票が加わっている。石丸氏は政党の支援を受けずにSNSを中心に選挙を戦ったのだから、91万人はSNSによって生まれた新たな「軽薄な破壊者」ということだ。

## 世の中の半分に勝利できる

すなわち石丸氏のSNS戦略とは「軽薄な破壊者」の生産、再生産、動員戦略である。この戦略を永田町の権力闘争に応用できると最初に考えたのが森喜朗氏、そして菅義偉氏だ。

2人が自民党内の「石丸伸二」として白羽の矢を立てた人物こそ「小泉進次郎」である。小泉氏なら総裁選を勝利し、衆院選も勝利させることができる――こうして小泉進次郎総裁就任プロジェクトが、都知事選後にスタートした。

石丸現象が小泉現象に連なっているということだ。このプロジェクトにおいても政治家としての資質は不問とされた。

確かに、組織運営において「神輿は軽い方がいい」という格言がある。だが、小泉氏に至っては軽量級どころか超羽毛級だ。長老たちは小泉氏を使って「軽薄な破壊者」に「バカ」を加えた「世の中の約半分」を票田にすることを狙ったと、私は考えている。

明治維新の日本近代化以降で、最も低レベルな人物が総理の椅子に手をかけた一件の意味は大きいと私は評価している。

２０２４年自民党総裁選における「小泉進次郎現象」は、日本の政治史における重要な事件として正しく精査されるべきだ。

現在の自民党は、この異常性に気がつかないほど劣化した議員に満ちている。自民党を超絶劣化させたのは、もちろん岸田文雄氏だ。

次章では政治家「岸田文雄」を分析する。２０２４年総裁選で「小泉進次郎現象」を生み出した背景には岸田政権があり、石破茂政権成立に暗躍したのは岸田氏だ。後世で「悪夢の岸田政権」と呼ばれることになるであろう、自民腐敗の原点をしっかりと整理したい。

# 第2章

# 嘘と裏切り・岸田氏の画策

## 「化けきれなかったよね」と安倍氏が失望

前章では都知事選をモデルとして考察した。実務能力ゼロの3人が争った戦いを総括すれば「ゴミの中から、よりましなゴミを選ぶ」ということになる。まさに「消去法の選挙」だ。

この2020年9月の安倍晋三元総理退陣以降、「消去法の選挙」によって自民党総裁に選ばれたのが菅義偉氏、そして岸田文雄氏である。岸田総裁誕生までのプロセスを整理しよう。

そもそも岸田氏は「ポスト安倍晋三」の最有力候補だった。安倍元総理と同期ということで個人的な関係も良好。第二次安倍政権では重職である、外務大臣を4年7カ月、自民党政調会長を3年1カ月務めたことは「ポスト安倍」の期待感の表れだ。

最初の躓きは2020年6月で、政権が20万円と考えていたコロナの特別給付金だった。岸田氏は安倍氏に直談判して10万円を上乗せた30万円で意見をまとめたものの、結果は公明党の主張した10万円となった。自ら主張した政策さえ実現できない弱腰ぶりが露

**図表2-1** 2020年9月の自民党派閥勢力図

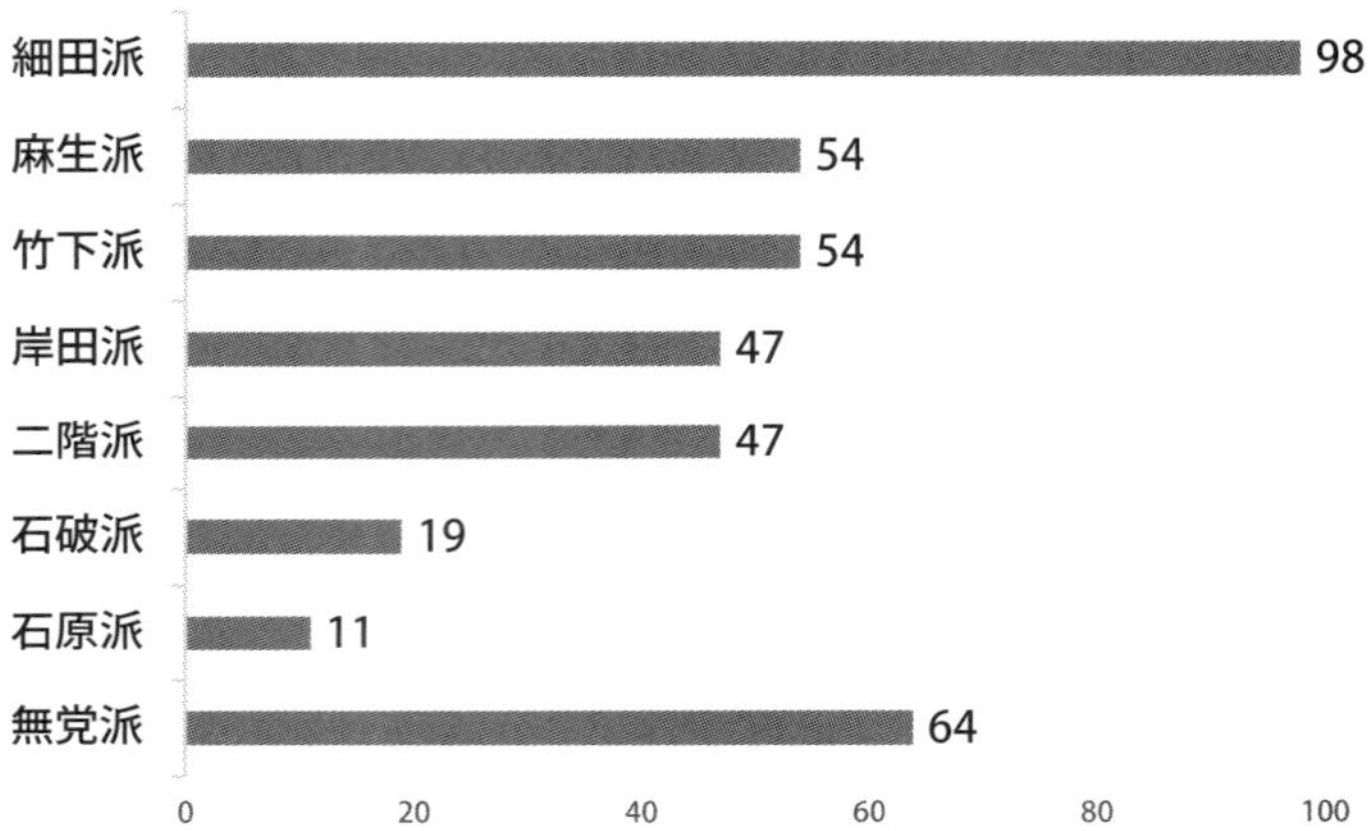


呈。当時は出口が見えない「コロナ禍」で、危機的状況下での政権運営能力にも疑問符が付くようになったのである。この一件後、麻生氏が、

「平時なら（岸田氏で）いいんだがな……」

と安倍氏に向かって呟くと、安倍元総理も、

「化けきれなかったよね」

と頷くような評価になった。そして2020年8月28日に安倍元総理が健康問題を理由に辞意を表明。そこから次期総裁選が始まった。図表2-1「2020年9月の自民党派閥勢力図」を参照しながら進めて行こう。

この自民総裁選では、二階俊博氏がいきなり菅義偉氏を担ぎ上げて、総裁選の流れを形

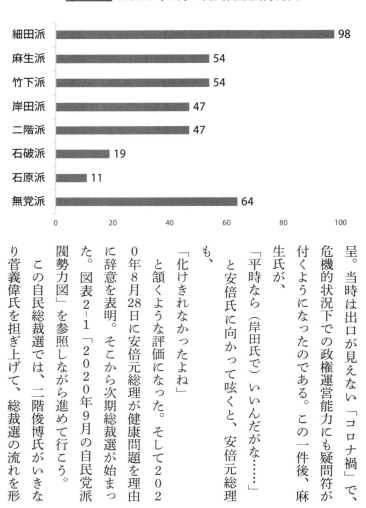

成しようと画策する。一方で、自民党内の細田派、麻生派、竹下派、そして石原派の４派閥は「総裁選で同じ候補を担ぐ」という密約を結んでいた。前述した給付金問題で安倍元総理から資質に疑問を抱かれた岸田氏が、二階氏の流れに対抗しようと頼ったのが密約を結んだ麻生派の領袖、麻生太郎氏である。

同月30日に麻生氏と面会した岸田氏だが、麻生氏は岸田氏を担ぐ代わりに条件を提示。それは岸田派（宏池会）名誉会長、古賀誠氏との絶縁だ。古賀氏と麻生氏は同じ福岡で、地元政財界を巻き込んで牽制し合う犬猿の関係だ。この時点で、すでに古賀氏は政界引退しているのにもかかわらず、宏池会に強い発言力を持っていて、政権運営にとっては大きな雑音だったのである。ところが岸田氏は、

「できません」

と頑なだった。ならばと麻生氏は、安倍元総理に岸田擁立の確約を取るように迫る。つまり「安倍の判断に委ねる」ということだ。ところが翌日の同月31日に岸田氏が官邸に出向き支援を懇願するも、安倍元総理は、

「自分の立場から個別の名前を挙げるのは控えている」

と、にべもない。古賀氏との絶縁を決断できないということで、「決められない性格」

に失望されたことが大きいというのが、永田町の大勢の観測だった。２０２０年自民党総裁選には石破茂氏、菅義偉氏、岸田氏が立候補したが結果は、

石破茂氏　68票

菅義偉氏　３７７票

岸田文雄氏　89票

となる。こうして菅義偉政権が誕生した。

## 消去法の政治

乱暴な言い方をすれば、盟友にして、同じ政治的方向性を共有し、実行力があり、派閥の領袖である「安倍・麻生」の2人がいれば誰がトップでもよかったのが当時の自民党だ。岸田氏と菅氏の差は「派閥」というパワーの有無である。無派閥の菅氏の方が安倍氏、麻生氏にとってはコントロールがしやすい。何より菅氏は7年9カ月もの間、安倍元総理を官房長官として支えてきた。リアリスティックに見れば、それは「忠誠」の証だ。

ところが菅氏は同じ神奈川県を地盤とする河野太郎氏、小泉進次郎氏を重用する。その

背後にいるのは安倍氏、麻生氏の仇敵である「裏切り」で政治家人生を貫いてきた石破茂氏だ。私に多く聞こえてきたのは、この距離感が第一の溝となったという声だ。

その一方で菅政権はコロナ禍対応への「後手後手批判」から菅政権の支持率は超低空飛行状態になる。比例して党内では「菅では選挙は戦えない」という声が強くなっていったのは岸田政権末期と同じだ。

さらに菅義偉体制では二階俊博氏が幹事長を務めた。ところが二階氏は中国に対する非難決議を幹事長判断で潰し、選挙区割りも独断するなど豪腕を発揮した。イデオロギー、生殺与奪の権利すべてを二階氏が掌握することになったことで、党内では「二階独裁」に対する批判の声も強くなっていく。

反二階の中心の１人が、総裁選で二階氏に煮え湯を飲まされた岸田氏である。

ところが菅義偉氏は二階氏を更迭することができず、支持率低迷と合わさって一気に「菅おろし」の意見が強くなっていった。２０２１年8月30日、菅氏はようやく二階氏の交代を本人に伝えるが、逆に「後手後手」と批判され火消しどころか再炎上することになった。

それでも総裁選再出馬を諦めなかった菅氏は、総理の持つ伝家の宝刀「解散権」を使って衆院選を先に行い、総裁選を延ばして続投の可能性を探る。ところが、その解散権を封じ、この一発逆転の奇策を制したのは安倍元総理だった。これが引導となって、派閥を持たない菅氏にはなす術もなく総裁選不出馬となったのである。

２０２１年９月３日、菅氏は自民党総裁選出馬断念を表明。こうして総裁選が始まった。

当初、総裁選に名乗りを上げたのが河野太郎氏、そして岸田文雄氏だった。当時の情勢では河野太郎氏の国民的知名度、人気は圧倒的で、その河野氏を石破茂氏が支援。さらに菅義偉氏の意向を受けた小泉進次郎氏が合流し、「小石河連盟」を結成した。人気者を祭り上げ選挙を戦えば勝てる――この２０２４年自民総裁選でも見られた軽薄な破壊者誘引する選挙戦略は功を奏し、緒戦の情勢は河野太郎氏圧勝の見込みとなった。

## １票差勝利の裏側にある暗喩

このまま河野氏が総裁になれば石破茂氏が復権してしまう――そこで安倍元総理、麻生氏が選んだのが岸田氏だった。２人の最大のミスは、「岸田文雄」という人物の評価だ。

権力者には媚《こ》びへつらい、嘘と裏切りを腹の中に抱える面従腹背の徒であることを見抜けなかった。いや、見抜いていても自分たちがいればどうにかなると岸田氏の権力欲をナメていたのかもしれない。後述するが、このミスが後に石破政権を生むことに繋がっていった。

２０２１年総裁選で「河野圧勝」の地合いに突然飛び出してきたのが高市早苗氏である。プッシュしたのはすでに安倍派を率いていた安倍晋三元総理だ。

なぜ自派閥ではなく、無派閥の高市氏を推したのか――当時の安倍派には下村博文氏、松野博一氏、西村康稔氏、萩生田光一氏、稲田朋美氏、世耕弘成氏の６人衆がいたが、清和会内の勢力闘争に向かいがちで「政治家」より「政治屋」の指向が強かった。唯一、政治家色が強かった萩生田光一氏は一歩リードと目されていたが、国家観に乏しく永田町的政策立案が得意とは言い難かった。

この「６人衆」に対する安倍元総理の評価が正しかったことは、没後のＬＧＢＴ法案や安倍派を中心とした、いわゆる「裏金問題」で明らかになる。

派閥の後継者不在ということで高市氏に白羽の矢を立てたのだ。

このことで最大派閥、清和会の票は「高市」で固まった。最大派閥の決断が流れを変え河野票は切り崩され始め、党員投票では誰が勝つかわからない状況にまでたどり着くことになった。

このカオスの状況でダメ押ししたのが野田聖子氏の出馬表明だ。仕掛けたのは二階氏である。

菅政権とともに中枢からパージされた二階氏だが、是が非でも欲しかったのは「プレゼンス」すなわち、党内での影響力だ。二階氏にとって、このまま選挙が進めば「叩き出された独裁幹事長」として影響力を失う危機だった。

二階氏にしても原則で言えば派閥後継者の武田良太氏を出すはずなのだが、政界において最も近い敵は「身内」である。出馬すれば二階派は代替わりし、自身の影響力は皆無になってしまう。

とはいえ「小石河」を推せば党内主流派の安倍派、麻生派を敵に回すことになり再浮上の芽もなくなる。何より菅政権時に二階幹事長更迭立案の中心になったのは岸田氏だが、実際に首を取りに来たのは菅義偉氏だ。

岸田氏を直接応援したくはないが、だからといって菅氏の子飼いである「小石河」には是が非でも協力したくない。窮した二階氏が目を付けたのが野田聖子氏だった。

野田氏の政策は河野太郎氏の「左の政策」と近く、しかも女性だ。野田氏が立てば、さらなる河野陣営の票割れを期待することができる。決選投票に持ち込めば野田氏の票を勝ち馬に「売る」ことで二階氏の立場をどうにか維持することもできる――。

実際に、二階氏の「奇策」のおかげで安倍派、麻生派は2021年総裁選を完全にコントロールすることができるようになった。投開票前には圧倒的有利だった河野太郎氏を第1回投票で「1票差」で敗北させた。この「職人芸」の裏側には、

「私たちに逆らえば、このような凄惨な結果が待っている。政治屋である前に『党人』でありなさい」

という石破茂氏を中心とした「小石河」へのメッセージが隠されている。その後、石破茂氏、河野太郎氏が岸田政権下で余計な声を上げずに責務に全うしたのはご存じの通りだ。

断言してもいいが小泉進次郎氏にはこの「暗喩」は届かない……というより理解さえできなかったはずだ。その暴力と呼んでも過言ではないレベルの無知と感性が改めて有権者に突きつけられるのは、2024年総裁選の時だ。

## 裏切りの時代が始まった

岸田文雄氏の政治を一言で評価すれば「嘘と裏切り」となる。石破茂政権誕生にまで連なる重要なテーマということで、岸田時代から始まる「嘘と裏切り」を示して行きたい。そもそも岸田政権は安倍政権の継承と発展を誓ってスタートした。政権誕生の立役者だった安倍氏、麻生氏の影響力は強く、そのアイコンが甘利明氏の幹事長登用だ。

甘利氏は、２００６年の総裁選で勝利した安倍元総理の選挙責任者で、また２００８年総裁選で麻生太郎氏の選挙責任者でもある。安倍元総理の外交政策の中核でもある経済安全保障に早期から取り組んできたのも甘利氏だ。甘利氏はいわばＡＡの申し子で「安倍・麻生・甘利」の関係は「ＡＡＡ」とされるほど蜜月だった。岸田政権の実態は「甘利政権」になるはずだったのだ。ところが政権発足後の２０２１年10月31日の衆院選で事態が一変する。

甘利氏は２０１６年1月、経済再生担当大臣を辞任した。原因は、千葉県白井市内の道路工事の補償を巡って、都市再生機構（ＵＲ）とのトラブルを抱えていた同市の建設会社側から自身や秘書が現金を受け取ったことを認めたからだ。同年にあっせん利得処罰法違反容疑で刑事告発され、東京地検特捜部が捜査したが、甘利氏と秘書二人は不起訴になっている。

ところが2021年10月の衆院選前、週刊文春が当時の記事を再掲載し、「不起訴」で決着していた甘利氏の金銭授受スキャンダルを蒸し返す。リベラルメディアを中心に甘利幹事長は「過去決着済みの事件」でリンチ状態になった。

このキャンペーンの影響もあって甘利氏は小選挙区で落選し、比例復活となってしまう。公明党の選挙協力があれば、起こらない事態だ。時の幹事長の比例復活という事態に、甘利氏は責任を取って幹事長を辞任した。

新たなネタがあったのではなく再掲載から反甘利キャンペーンが拡大するのは不可解だ。このような奇妙な事件が発生した時、「誰が得をしたのか」を考えるのが地下社会的思考である。

整理すれば得する一つは公明党、そして中国だ。対中強硬派の甘利氏は、中国の台湾侵攻危機への対応として安全保障の強化や、憲法改正を行う考えだった。その政策に反対しているのが親中の公明党で、甘利氏が、自公の連立解消も視野に入れていたのである。

ちなみに、この公明党の反安全保障、親中姿勢が明らかにされたのは2023年9月のことだ。麻生太郎氏が講演で安保3文書改定時に公明党幹部の存在を「がんだった」とした。

甘利氏辞任で得する、もう一人の人物が岸田文雄総理だ。事実上の甘利政権ということで甘利氏の存在は岸田氏にとって邪魔以外のなにものでもない。この時、岸田氏がそれほど強い権力欲を持っていることは、ほとんどの人が考えていなかった。妄執ともいえるレベルの我欲が露呈するのは、もっと後のことである。

こうして岸田氏は甘利氏を切ることに成功。AAへの裏切りから岸田政権はスタートした。

## 喪失後「反安倍」に加速

岸田氏が有権者との約束を破り、裏切りに染まる奇貨としたのが、2022年7月8日の安倍晋三元総理の殺害事件だ。

岸田政権は「安倍の死」を投票行動に転換させ、参院選を圧勝で終えた。2022年12

月16日、岸田内閣と国家安全保障会議は、安保3文書（国家安全保障戦略、国家防衛戦略、防衛力整備計画）を決定。

１９７６年の三木武夫政権がＧＤＰ１％を超えないことが閣議決定して以降、日本の防衛予算は、この枠に縛られてきた。安保3文書改定によって岸田政権は、以降5年間での防衛予算ＧＤＰ２％達成を目標としたのである。

岸田氏の安倍元総理への面従は「安保3文書」で終了となった。ここから反安倍政策へと一気に転換する。その代表がＬＧＢＴ理解推進法だ。この問題については前著『反逆せよ！愛国者たち』（ビジネス社）の第1章「ＬＧＢＴ推進で見放された自民党」に詳説したが、本書の趣旨に合わせて加筆しながら簡単にまとめていこう。

安倍元総理はＬＧＢＴ法案について、

「差別や偏見を認めるつもりはないが、法整備までする必要はない。アリの一穴になる」

と周囲に主張し、法制化には絶対反対の立場だった。ＬＧＢＴ法案推進の中心人物はかつて安倍元総理から寵愛を受け「ポスト安倍」の一人でもあった稲田朋美氏である。恩人の死を待つかのような法案推進は、「卑怯」としか呼びようがない。一方、政権の長、岸田氏が裏切ったのは安倍元総理だけではない。

第二次安倍政権で選挙すべてを勝利した安倍元総理は「保守層」を、絶対崩れないという意味で「岩盤保守層」と呼び最重要票田とした。

「保守」とは歴史の中で育まれた習慣、制度、文化や伝統の維持を重んじる立場だ。保守層がLGBT法によって危機意識を持っているのが伝統のなかで培われた日本の家族制度崩壊である。

より深刻なのは日本の歴史、文化の中心に存在する天皇制の崩壊リスクだ。天皇家の在り方を基に皇室典範では、

「皇位は、皇統に属する男系の男子が、これを継承する」

ことが定められている。ところが性の自認を認めると、生物学上の性が女性であるにもかかわらず「男性」を自認する人物が天皇になることを認めるということになる。歴史的に維持されてきた天皇家の在り方の崩壊だ。

天皇制のバリューは世界最古の歴史をアーカイブし、体現していることで、ゆえに文化、風習など「日本」の象徴と位置付けられている。「天皇制」の崩壊は、日本の崩壊で、歴史の棄却だ。

このようにLGBTと天皇制の相容れない関係を安倍元総理が懸念し、反対の立場を堅

持していたことは周囲の証言からも明らかだ。

## 有権者と女性を裏切った

ＬＧＢＴ法案の問題は「天皇制」に留まらず、国家と国民の契約の問題にも及ぶ。政権与党の義務は「最大多数の最大幸福の実現」であるが、果たしてＬＧＢＴ法は「公共の福祉」を実現したのかを検証したい。２０１９年12月、ＬＧＢＴ総合研究所は「性自認」に関するアンケート調査結果を発表。

「当事者が10人に１人いることが数字で示された。社会としてきちんと向き合う必要がある」

とした。以降、なぜかＳＮＳ上では日本は人口の１割がＬＧＢＴのＬＧＢＴ大国のような定説化が行われてしまっている。ＬＧＢＴ先進国のアメリカで約３・８％、イギリスでさえ約２％とされているのだ。日本で「１割」は盛りすぎと考えるべきだろう。

逆に「１割」もの人が当事者として生活できているのであれば、社会はＬＧＢＴを理解して受け入れているということだ。「理解推進法」など必要ないではないか。

ところが東急歌舞伎町タワーのＬＧＢＴトイレは厳しい批判に晒された結果、たった４カ月で廃止となった。もし本当に人口の１割をＬＧＢＴが占めているであれば、こんな短期間で廃止もされないし、廃止に対して強い反対運動が起こるはずである。

実際の割合は不透明ながら「その程度の人数しかない」ということだ。

日本のＬＧＢＴ人口がイギリスと同程度の２％程度だとしても、２％は「最大多数の最大幸福」の対象とは呼べない。

圧倒的少数派「障害者」に対する政策との比較を持ち出す者もいるが、それこそ近代国家の構造を理解していない暴論だ。市民が税を支払う代わりに、国家は市民の生命を守るのが近代国家と市民の契約である。目が見えない、歩けない、耳が聞こえないという障害は生命の危機なのだから、国家が生命を守るのは当然のことだ。

性自認はただちに生命を脅かす問題ではない。

何よりＬＧＢＴ法によって人権を侵害されているのが女性だ。その代表例とも言えるのが、渋谷区が肝煎りで作ったＬＧＢＴトイレである。あらゆる「性」が使用できるようにした結果、女子専用トイレが廃止されることになった。

女性が保有していた権利を奪われることになったという意味で、女性の「人権侵害」である。ＬＧＢＴ法によって社会の中のあらゆる場面で女性の人権が侵害されるリスクが生まれることになった。

## 裏切りの代償が支持率の低迷

法案成立後、ＬＧＢＴ推進側が中心になって「火消し」に躍起になっていたのを覚えている人も多いのではないか。例えば「ＬＧＢＴ法案が成立しても公衆浴場に男性が入って来ることはありません」キャンペーンなどがそれである。

そもそもこの「火消し」自体が問題の本質を理解していない。女性が脅威を覚えたのは、将来のことではなく、「今」、自分の人権が奪われることだったのだから。

当たり前の話だが自民党もメディアも口が裂けても「ＬＧＢＴ法案で女性支持層が離れた」とは認めないし、言わない。メディアは慢性的な「人権病」にかかっているし、何よりＬＧＢＴ運動は極めて暴力的で、時にメディアを潰しさえするので、恐怖で口をつぐまざるをえない。

ところがＬＧＢＴ法成立は岸田政権の支持率を一気に低下させた。そのことは「ＬＧＢ

T法案」が成立した2023年6月16日前後の支持率を整理すれば明らかだ。支持率は各社バラバラになるので、時事通信のデータで比較しよう。

同年前月の5月8日、時事通信は「内閣支持38・2%に続伸　9カ月ぶり不支持上回る―時事世論調査」と題した記事を配信。ところが法案成立前日の6月15日には、「内閣支持35・1%に下落」という記事を配信している。

各社の世論調査もLGBT法案成立を前後して概ね急落しているのだが、その理由は横並びだ。岸田文雄総理の長男で首相秘書官を務めていた翔太郎氏が2022年末、首相公邸で親族と忘年会を開き、公的なスペースで写真撮影に興じたことが発覚したことが原因だとしているのである。

どの媒体でも同様の分析を読んだ私は違和感しか覚えなかった。というのは長男忘年会問題を報じたのは週刊文春だが、発売はこの約1カ月前の同年5月25日だ。同年6月1日に首相は翔太郎氏を更迭している。

それまでも長男の素行がメディアの攻撃対象になっていたことは事実だが、これ以前の支持率は「横ばい」だったのだ。もし問題児扱いだった長男が原因で支持率が急落するのであれば、もっと早い段階で急落しているはずだ。

しかも報道から1カ月、更迭から2週間も経って「長男問題」が支持率に影響するだろうか。繰り返すが、問題が「長男」であれば、下落はもっと早い時期に起こっていなければおかしい。

このように論理的に導き出せば、2023年5月の支持率急落の本当の原因は「長男」ではない。導き出せる原因はＬＧＢＴ法案成立だ。岸田政権は女性支持率が比較的高い政権だった。支持に巨大なダメージを与えたのは、人権を侵害された「女性支持層」が抜け落ちたからだ。

## 歴史的にLGBTは不必要

安倍元総理が危惧したようにＬＧＢＴ理解推進法は「日本の象徴」と定められた天皇制を崩壊させてしまうリスクを内包する。そもそも最大多数の最大幸福の実現ではなく、「最小数の最大多数の実現」であり、この世界の半分である女性の人権を侵害した。この法律が悪質なのは理念法である点だ。

罰則がない法律の方がマイルドだと思うかもしれないが、それは誤解だ。「～すべるべきだ」という言葉によって理念を規定することは、認知領域の支配である。こうしたことに影響を受けるのは、認知領域が固定化されていない若年層だ。

長い年月を経て炸裂する爆弾は「眠り爆弾」と呼ばれる。忘れた頃に効力を発揮するので物理的、心理的影響が大きく、犯人も特定しにくい。ＬＧＢＴ法は将来炸裂して日本の歴史、文化を崩壊させる「眠り爆弾」のようなものなのだ。

そもそもＬＧＢＴ法を日本で、わざわざ成立させる歴史的根拠は脆弱である。

ＬＧＢＴは西洋、特にキリスト教圏の先進国が推進しているが、その理由は歴史だ。西洋社会でＬＧＢＴが罪とされているのは特定の性行為を犯罪とするソドミー法の影響だ。「ソドミー」とは反自然的性行為のことで、確認されている最古のソドミー法は紀元前10世紀の中アッシリアで定められたものである。

「ソドミー」を禁忌とする倫理観は聖書成立以降、キリスト教圏で拡大した。旧約聖書では『レビ記』で、新約聖書では『ローマの信徒への手紙』で同性愛が否定されているからだ。

こうした影響もあってイギリスではヘンリー8世（１４９１年～１５４７年）が同性愛などを犯罪とする法律を制定。この影響で大英連邦のカナダ、オーストラリアでも同性愛を犯罪とする法律が制定されていた。またフランス、ドイツなども同様だ。

先進国で本格的にＬＧＢＴが「無罪」という法整備が行われていくのは20世紀後半からである。

一方で明治以前の家父長制中心の社会構造にあって支配階層の武家社会には「衆道」が、男娼は「陰間《かげま》」と呼ばれ専門の茶屋も存在、歌舞伎もあった。日本は長く「男色」には寛容だったのである。

近代化のプロセスで列強によるキリスト教カソリック的倫理観が強要された結果、１８７３年（明治６年）に男性同士の性交が違法とされたものの、わずか7年後に発令された警報でこの規定は消滅。以降、ＬＧＢＴを犯罪とする法律は存在していない。

すでに日本国憲法は第11条で平等権、自由権、社会権、参政権などの基本的人権を「侵すことのできない永久の権利」と定め、現在と将来の国民に保証している。ＬＧＢＴの人たちも国民に入るのだから、改めて規定する意味がない。

岸田政権がＬＧＢＴ法案を成立させたのは「外圧」に「土下座」をしたからだ。

## 「狂人」のパワーを利用した稲田朋美

アメリカにおいて「ＬＧＢＴ」は民主党の「利権」である。特にリベラルが支配的だった２０００年以降は、票とカネを生んだ。ＬＧＢＴ法案成立のために利用されたのが、２０２３年５月の「Ｇ７広島サミット」だ。アメリカ民主党は猛烈な外圧をかける。

２０２３年２月８日には、アメリカ国務省のジェシカ・スターン特使が、当時公明党代表だった山口那津男氏と国会内で会談。スターン氏は広島サミットを踏まえて、

「日本は今年、特別な責任を負っている。ＬＧＢＴＱの理解増進法が非常に重要だと認識している」

と述べ、連立パートナーの公明党を使ってＬＧＢＴＱ法成立へのプレッシャーをかけた。しかも日本のリベラルメディアは、あたかも国務省の重職者が「アメリカ政府の意向を受けてＬＧＢＴ法成立」を促進したかのような書きっぷりで報じる。

スターン氏はそもそもアメリカ民主党のＬＧＢＴ推進派である。後述するが、アメリカ民主党には中道左派、穏健派と急進左派の３派が存在。大統領選挙が不利になる時は党内

が分裂しているのが米民主党のパターンだ。

ところが2020年大統領選で民主党は「反トランプ」を掲げて党内融和を図る。「極左」とも呼ばれる急進左派を取り込む条件として、カマラ・ハリス氏のような無能が副大統領に選ばれた。スターン氏のような人物が要職に就くことになったのもそのためだ。

もしリベラルメディアが報じるようにスターン氏が「政府の代表」として来ているのであれば、対談の相手は公明党の山口氏ではなく閣僚だ。ただの個人の意見を政府の意見のようにすり替え、自分のエモ記事を事実であるかのように見せかける赤いメディアのいつもの手口である。

このような民主党の利権を日本に強要した主犯が、アメリカ民主党が送り込んできた駐日大使、ラーム・エマニュエル氏だ。政敵に「死んだ魚」や「ナイフ」を送り付けるような人物で、エキセントリックな行動からアメリカ政界では「ランボー」と呼ばれている。「狂人」という意味で使われているのだが、本人はまったく理解できず、むしろ称号だと思い込んでいるようだ。

来日以降、「狂人」の評価が間違っていなかったことは、日本側の外交・安全保障関係者の間でも瞬く間に共有されることになった。この「狂人」がアメリカ民主党内で重用される理由は「カネ」だ。

イスラエル建国の闘士を祖父に持つラーム氏の元にはユダヤ系富裕層のマネーが集まる。集金能力をビル・クリントン氏に見込まれ重用され、民主党内で地位を固めた。ラーム氏の原点、イスラエルはＬＧＢＴ推進先進国だ。さらなるユダヤ富裕層の「カネ」を集めるために、日本をＬＧＢＴに染めたとしか私には思えない。この「狂人」のパワーを利用したのが稲田朋美氏である。

明治期には列強から反ＬＧＢＴを押しつけられ、今度はアメリカ民主党に押しつけられてＬＧＢＴ法案を成立させたのである。日本の民族自決権は、こうして易々と踏みにじられることになった。

## 悪夢の民主党のごとき「売国政策」

安倍晋三元総理は前掲『回顧録』内で総理の資質について、「私は、国を守る最後の砦である自衛隊の最高司令官が務まるかどうか、が重要だと思う」と述べ、「岸田さんは、そうした点で非常に適任」とした。

だが、これは安倍元総理が存命していることが前提だ。第二次安倍政権で外務大臣を務めた岸田氏だが、安倍元総理没後の岸田外交戦術は「土下座」である。岸田政権で登用した外務大臣は林芳正氏と上川陽子氏だが、トップの指令がなくともあらゆる局面で自発的に大国に「土下座」を繰り返してきた。

「土下座」を隠すために外務大臣が外務省とともに唱えるのが「遺憾」という言葉である。

岸田氏本人も総理としてＬＧＢＴではアメリカ民主党に土下座し、開国以来の屈辱を国民に強いた。悪夢の民主党政権でも同様の「土下座外交」が繰り返され、売国と批判された。

岸田政権の「海外対応」を整理して行けば、民主党政権との違いはない。売国政権の典型例として政権末期に起こった訪日中国人による靖国陵辱事件を整理しよう。

靖国神社の社号標で落書きが見つかったのは２０２４年6月1日朝のことだった。中国人観光客を装って入国したテロリスト一味は、一連の蛮行動画を中国のＳＮＳ上に拡散。鉄头（鉄頭）と呼ばれる男が放尿し「トイレ」と落書きし立ち去ったことが明らかになる。

この鬼畜中国人はまんまと日本脱出し帰国。同月３日には友人らと祝杯をあげる動画を配信している。

中国政府は同日に「靖国神社は、日本軍国主義による侵略戦争の精神的な道具であり象徴だ」と犯人を擁護。その上で、「侵略の歴史を反省し、実際の行動でアジアの隣国や国際社会の信頼を得るべきだ」と日本に反省を求めてきた。中国の「謝らない」は伝統芸能だが、当然のことながら岸田政権は２０２４年６月４日時点まで中国政府に対して公式なアクションを起こしていなかった。

何よりの問題は犯人の扱いだ。国際手配された経験がある私には、日本政府がわざと逃がしたとしか思えない。

## タイより低い入国管理

そう確信する第一の理由は靖国神社の警護だ。周辺国から「政治問題化」されやすく、活動家に狙われる靖国神社周辺には公安警察が常に監視・警備している対象だ。実際に都度、破壊を試みる日本人活動家が逮捕されている。

何より今回の陵辱事件の犯人を中国籍の人物であると特定したのは公安部だ。カメラなども配置されていて、犯行現場の状況を監視していたとしか私には考えられない。その上で、中国籍が特定できているということは本名・パスポートも特定できていると考えるべきである。であれば「水際」すなわち空港のイミグレーションで出国を止め、逮捕することはできたはずだ。

私は2012年、事件によって、タイ政府から99年間入国禁止処分を受けている。おかげで、タイ入管のブラックリストに9・11同時多発テロ事件の首謀者、ウサマ・ビン・ラディンの次に、私の名前が記されることとなった。以来、2回入国を試みるも水際で拘束され、強制送還されている。

2023年9月13日には、マレーシアのクアラルンプールから「タイ」への入国を試みた。前回が2016年3月ということで、実に約7年6カ月ぶり3回目のアタックだ。改めて挑んだ最大の根拠は、タイ政府の政権交代だ。2014年5月22日にタイ王国国軍による、19回目の軍事クーデターが発生して以降、軍事政権が続いた。2023年の選挙によって民主主義政権が復活したので「もしかしたら」と考えたのである。

ところが入国カウンターにパスポートを出した瞬間、非常ボタンを押されたことで、私は「敗北」を認識した。そして、そのまま地下の施設に連行されたのである（資料写真2

−1参照）。

だがタイ政府に不満はない。これが国家の出入国管理のあるべき姿だからだ。タイ政府ができることを日本政府ができないとは考えられない。つまり警察側が犯人を特定しているのもかかわらず、政府がわざと犯人を出国させたとしか考えられないのだ。

**資料写真2-1　地下施設の入り口**

もちろん理由は中国政府への忖度である。逃亡が成立するのには、当時外務大臣だった上川陽子氏の了承がなければ不可能だ。もちろん岸田総理や林芳正官房長官なども知らないはずがない。宏池会総出で中国に土下座したということだが、「売国行為」であると断じるのには根拠がある。

## これは第二の尖閣事件だ

実は今回の靖国神社事件にはサイドストーリーがある。それが2024年4月1日に靖国神社第14代宮司に就任した大塚海夫氏の経歴だ。

大塚氏は防衛大学出身で海将まで務めた人物だ。2020年9月に自衛官出身者として初めて在ジブチ特命全権大使に任命。靖国神社宮司に元自衛官が就任するのは2人目だが、将官を務めた元自衛隊幹部の靖国神社宮司への就任は初である。その大塚氏と中国の間にはいくつかの遺恨がある。

現役時代に起きたのが尖閣諸島中国漁船衝突事件だ。

2010年9月7日、尖閣諸島付近の海域をパトロールしていた巡視船「みずき」が、中国籍の不審船を発見し日本領海からの退去を命じるも、それを無視して漁船は違法操業を続行、逃走時に巡視船「よなくに」と「みずき」に衝突し2隻を破損させた。

この事件を知った大塚氏は、緊張が拡大して衝突した時に備えるため急遽、護衛艦を現場海域に向かわせた。これをトップダウンで止めたのが、当時、官房長官だった仙谷由人氏である。

その後、漁船船長は逮捕されたものの、やはり仙谷氏の鶴の一声で、国賓扱いで国外退去となった。この事件によって民主党は「売国政党」として認知される。また東京都知事だった石原慎太郎氏が尖閣諸島購入計画を発表するきっかけとなった。

また大塚氏が特命全権大使を務めていたジブチは中国政府が一帯一路の「要衝」に位置付けている最重要拠点の一つで、現在では米中摩擦の最前線だ。そのジブチに自衛隊は「海賊対応」を理由に常駐。自衛隊唯一の海外拠点となっている。

ところが２０２１年10月にはジブチで陸上自衛隊部隊の幹部２人が、ジブチ軍に十数時間にわたり拘束された。中国政府がジブチ政府に食い込んでいることが背景だ。

こうして考えれば北京政府が大塚氏のことを知らないはずがない。むしろマークの対象である。私は常々、陰謀論を否定する立場だが、こうして整理すると放尿、落書きなどの靖国の破壊行為と、大塚氏の宮司就任が無関係であるとは考えにくい。中国政府の意図があると考える方が自然ではないか。

その犯人を逃がしたところまで合わせれば、靖国陵辱事件は「第二の尖閣事件」と呼ぶべき売国行為としか私には見えない。

## 逃げた者勝ちを常態化

そもそもなのだが円安で日本に外国人観光客が押し寄せた時点で、多くの治安悪化が起こることは容易に予想できたはずだ。実際、ここに至るまで、観光地ではオーバーツーリズム問題が噴出していた。

「インバウンドで地方創生」と言えば聞こえがいいが、何のことはない日本のサービスの叩き売りである。何も知らない地方の人たちを騙して疲弊させる詐欺のようなビジネスにしか私には見えない。

国際的市場で比較しても最高品質の日本のサービスを、外国人だけが超ディスカウント価格で大量購入しまくっているので、どこかで限界と破綻がくるのは当然のことである。ようやく気がついた一部の地方が抵抗を始めた。「インスタ映え」する富士山が撮影できる富士河口湖町にあるコンビニ周辺に黒幕をかけたのは、その典型例だ。

本来であれば「インバウンド需要増」のような新たな市場創造の時には、治安維持をセットにするのはどこの国でも行っていることだ。ところが日本は常に「治安維持」「安全保障」を置き去りにしてモノを進める。

国内産業に防壁を作ることなくグローバリズムに乗っかって大型店舗を優遇した結果、商店街はシャッターだらけになった。またサプライチェーンが海外に移転したことで、国内GDPは落ち込み続けている。移民政策、LGBTなど治安維持を伴わない市場優先主義は、自民党政治の病理である。

訪日外国人は2013年からたった5年で実に3倍に急増。3000万人を超えたのは2018年のことだった。その後、コロナ禍によって日本は平和な鎖国状態となる。ところが一転、2023年の脱コロナ禍で2500万人を突破。2024年は2019年の3000万人を超える勢いとなっている。

「観光立国」を目指した政府与党の目標は2030年に6000万人を訪日させるという。総数だけ見れば現在の2倍だ。大多数の健全な思考を持つ人たちは、背筋が凍るほどの恐怖を覚えていることだろう。

訪日外国人観光客の一大産地は「中国」だが、日本では中国人観光客による非合法的行為が横行しているのにもかかわらず、警察側はそれをほぼすべて看過している。

ニュースにならないが成田空港など国際空港の免税店における万引きの主役は中国人で

あることは、空港で働く人たちの常識だ。連中は万引きしたまま飛行機内に逃げていく。日本では「犯罪をしたもの勝ち」の法則が成り立っているから、観光地での横暴まで常態化しているのだ。

相手が何人であろうが、法に従って粛々と逮捕しないから、「小さな靖国陵辱事件」が頻発する。治安維持を厳格化しないまま、観光立国を加速化させている政府の姿勢は厳しく糾弾されるべきだ。

## 「外人」と「外国人」を分ける24万円の壁

ところで「外人」と「外国人」の違いを理解している人はどれほどいるだろうか。前者「外人」は侮蔑の意味があるということで、官公庁や自治体が発信するオフィシャルな資料や、主要メディアでは「外国人」のみ使用される。

ところが訪日する「外国人」の中には日本に不利益しか与えない「外人」が相当数存在し、各地で問題を起こしている。この結果、「外人」が大手をふるい、健全な日本人が幅寄せを食らっているのである。

## 図表2-2　国籍・地域別にみる1人当たり旅行支出と訪日外国人旅行消費額

2024年4-6月期　　（1次速報）

| | 国籍・地域 | a. 1人当たり旅行支出 | | | b. 訪日外国人旅行者数[注] | | | a×b. 訪日外国人旅行消費額 | | |
|---|---|---|---|---|---|---|---|---|---|---|
| | | （円／人） | 前年同期比 | 2019年同期比 | （万人） | 前年同期比 | 2019年同期比 | （億円） | 前年同期比 | 2019年同期比 |
| 一般客 | 全国籍・地域 | 238,722 | +14.4% | +54.0% | 888.9 | +50.6% | +10.4% | 21,220 | +72.3% | +70.1% |
| 一般客 | 韓国 | 106,747 | +11.0% | +54.5% | 208.8 | +37.6% | +18.0% | 2,229 | +52.8% | +82.2% |
| 一般客 | 台湾 | 181,162 | +2.1% | +52.0% | 144.6 | +46.9% | +24.0% | 2,619 | +50.0% | +88.5% |
| 一般客 | 香港 | 269,748 | +42.0% | +75.5% | 64.6 | +30.8% | +11.0% | 1,742 | +85.7% | +94.8% |
| 一般客 | 中国 | 286,244 | -16.7% | +27.7% | 150.2 | +235.0% | -25.0% | 4,299 | +179.1% | -4.2% |
| 一般客 | タイ | 203,409 | +2.0% | +51.3% | 29.4 | +16.3% | -12.2% | 599 | +18.7% | +32.9% |
| 一般客 | シンガポール | 323,781 | +10.7% | +90.0% | 16.7 | +14.5% | +38.8% | 542 | +26.7% | +163.6% |
| 一般客 | マレーシア | 189,538 | -19.6% | +40.2% | 10.7 | +11.0% | -9.2% | 203 | -10.7% | +27.3% |
| 一般客 | インドネシア | 216,774 | +10.9% | +61.0% | 14.6 | +22.8% | +24.0% | 317 | +36.2% | +99.6% |
| 一般客 | フィリピン | 177,486 | +2.7% | +48.9% | 20.0 | +19.8% | +14.6% | 355 | +23.0% | +70.7% |
| 一般客 | ベトナム | 213,305 | +16.1% | +34.0% | 15.9 | +14.0% | +22.3% | 340 | +32.3% | +63.9% |
| 一般客 | インド | 269,235 | +11.1% | +63.3% | 7.2 | +48.5% | +36.8% | 194 | +65.1% | +123.4% |
| 一般客 | 英国 | 416,647 | +19.5% | +75.5% | 11.6 | +36.9% | +15.0% | 483 | +63.6% | +101.8% |
| 一般客 | ドイツ | 345,696 | +9.8% | +73.9% | 8.0 | +32.1% | +26.5% | 275 | +45.1% | +119.9% |
| 一般客 | フランス | 417,536 | +43.8% | +72.2% | 11.3 | +43.1% | +15.0% | 471 | +105.7% | +98.1% |
| 一般客 | イタリア | 382,448 | +23.8% | +84.6% | 5.7 | +51.6% | +20.0% | 219 | +87.7% | +121.4% |
| 一般客 | スペイン | 361,187 | +20.4% | +65.7% | 3.8 | +48.6% | +13.2% | 137 | +78.9% | +87.6% |
| 一般客 | ロシア | 344,393 | - | +112.0% | 2.4 | +145.9% | -25.1% | 83 | - | +58.7% |
| 一般客 | 米国 | 361,117 | +21.7% | +91.0% | 77.0 | +29.6% | +54.5% | 2,780 | +57.8% | +195.2% |
| 一般客 | カナダ | 359,217 | +30.8% | +91.1% | 14.8 | +36.0% | +50.7% | 533 | +77.9% | +188.0% |
| 一般客 | オーストラリア | 399,862 | +20.3% | +71.3% | 20.8 | +49.6% | +37.6% | 833 | +80.0% | +135.7% |
| 一般客 | その他 | 388,084 | +22.1% | +99.3% | 50.7 | +44.2% | +41.7% | 1,968 | +76.1% | +182.3% |
| クルーズ客 | | 45,406 | - | +21.9% | 33.0 | +1695.1% | -37.7% | 150 | - | -24.1% |
| 全体 | | | | | 921.9 | +55.7% | +7.4% | 21,370 | +73.5% | +68.6% |

２０２４年７月５日には新宿区百人町にある「大久保バル」が、店舗入り口のガラス戸に、

〈多様性とか寛容とか色々言われている昨今ですが　嫌な思いをして働く気はないので中国人、韓国人お断りします♪〉

と書いた写真を掲載した。名指しされた韓国人、中国人は猛烈に反発したが、店側の言い分には科学的根拠がある。

上に掲載した２０２４年７月19日に国土交通省観光庁が発表した「インバウンド消費動向調査」の「国籍・地域別にみる１人当たり旅行支出と訪日外国人旅行消費額」を見てみよう。同調査にはこう解説されている。

●訪日外国人（一般客）１人当たり旅行支出は23万９千円と推計される。
●国籍・地域別にみると、フランス（41万8千円）、英国（41万7千円）、オーストラリア（40万円）の順で高い。
●費目別（全目的）では、宿泊費は英国、飲食費はイタリア、交通費はスペイン、娯楽等サービス費はオーストラリア、買物代は中国が最も高い。

「外人」と「外国人」を分ける基準は難しいが、この「１人当たり旅行支出＝約24万円」を一つの基準として考えてみるとわかりやすいというのが私の主張だ。「国籍・地域別にみる１人当たり旅行支出と訪日外国人旅行消費額」を参照すれば、韓国人は10万６７４７円しか使わないのだから、「外人」である。

また中国人は、28万６２４４円とかろうじて平均を超えているものの、そのほとんどは日用品の買い物に消費されている。したがって、飲食業界からすれば「外人」ということになる。

なぜ韓流の中心地・大久保に韓国人が群れるのか理解できないのだが、当地は中国人、韓国人でごった返している。こうした「外人」は飲食店で水だけ頼んで長時間粘り、注意をしても出て行かない。窮した店側が「お断り」を掲げるのは、経済安全保障の観点から当然ということだ。

日本政府が行わなければならないことは「訪日外人」をできるだけ減らして、正しくおカネを使う「外国人」のお客様を迎え入れることだ。そこで世界の観光都市の対策例を整理していこう。

## 日本人は「増税」、外国人は「無税」

2023年から脱コロナ禍のインパクトで世界中の観光都市に人が殺到する事態が発生した。特に円安の影響で日本には、決して豊かではない「外人」が押し寄せている。世界の観光都市のオーバーツーリズム対策を整理していくと、

- 外国人観光客の1人当たりの消費を上げる
- 外国人観光客に対する条例を厳格化し治安を維持する
- 外国人観光客限定の増税を行う

という方法に大別できる。特に重要なのが「増税」だ。過分なマネーを支払っても観光したい層はそれなりの富裕層である。富裕層であるがゆえに消費を上げやすい。またこうした人たちこそもう一度来ていただきたいお客さまだ。

全身汚らしいタトゥーだらけの見た目からして豊かではない「外人」相手にしたインバウンドこそ「高品質なサービスの叩き売り」で、日本のサービスリソースがすり減るだけである。

前述した観光庁データに基づけばフランス、イギリス、オーストラリアのような「お客様」の訪日を増やし、24万円以下の外人が訪日しにくい環境を作ることがキモということが導き出せる。

例えば時限的に1人当たり5万円から10万円程度の入国税を外国人観光客から入国時に徴収すれば、日本からあっという間に「外人」が一掃され、外国人の皆さんと気持ち良く生活することができるだろう。

この発想のモデルになっているのがオーストラリアの「投資退職者ビザ」だ。55歳以上で、一定の条件を満たした人だけが取得できるが、その条件の一つが50万~75万ドルの資産証明だ。乱暴に計算すれば日本円にして約1億円前後である。

港区の住民を見ればわかるが、「富裕層しか住まない」というのは最も効率的な治安維持の実現法だ。

入国税を支払っても来日したいと思う人たちは日本の価値を理解している知能と経済力が備わっている可能性が高い。そうすれば自動的に「外人」を排除することになる。少なくとも靖国を侮辱した中国人のような低俗な下衆外人は来日しない。

財政均衡派の岸田氏は「インボイス制度」などを通じて日本人に対しての納税強化、あるいは増税を躊躇なく実行する。一方で、外国人に対する増税にはとことん甘い。

明治天皇によって創建された靖国神社は近代日本という「国家」の象徴だ。その文化・歴史を陵辱されたことに対して「怒る」のは当然の感情である。この怒りの感情を利用して観光税導入の提案を発表するだけでも支持率が上がっていたはずだ。

整理していけば靖国陵辱事件やオーバーツーリズム問題の根幹にあるのは岸田文雄氏の「国家観不在」が原因である。国家観があれば市場創造と治安維持、安全保障をセットにするからだ。

自民シンパは岸田氏が防衛予算を大幅増したことや、安保3文書を改定したことを盾に

「岸田氏には国家観がある」と反論する。だが、一連の意思決定にどれほど本人の「意思」が込められているのか、知った上で岸田総理を評価しているのだろうか。

少なくとも本人は国防にはまったく興味がなく、言われるまま「良きに計らえ」の「宏池会公家式」で決まったという声を私は聞いている。

## バカ呼ばわりはむしろ当然

このことは過去の話ではない。今後も岸田文雄氏や林芳正氏、上川陽子氏などの宏池会直系政治家が「外国」に対して厳しい政策をとることはまったく期待できない。岸田政権のひたすら外国に媚びる「土下座外交」は、その象徴である。

しかも岸田政権では外交・安全保障政策において最重要である情報収集、分析能力にも疎かった。広島サミットを盾にＬＧＢＴ政策をねじ込まれたが、この時点で、民主党の対抗馬、ドナルド・トランプ氏は「反ＤＥＩ」を公約に掲げていた。

ＤＥＩとは多様性（ダイバーシティ＝Ｄ）、公平性（エクイティ＝Ｅ）、包摂性（インクルージョン＝Ｉ）の頭文字を合わせた合成用語で、ＬＧＢＴも「ＤＥＩ」に内包されている。

当時の支持率情勢ではトランプ氏とバイデン氏はほぼ2分だったので、半分のアメリカ人は苛烈化するLGBTを問題視していたということだ。

このように情報分析能力ゼロの岸田・林・上川各氏の無能な外交感覚を示す証左の一つが「国立公園の再活用」だ。

2024年7月19日、岸田総理は観光立国推進閣僚会議で、2031年度までに、全国に35カ所あるすべての国立公園に宿泊施設を誘致する方針を表明した。ちなみに「2031年」は国立公園制度開始から100周年の節目の年だ。メモリアルイヤーに向けて、国土の中でも自然保護などに力を入れている優良地を外資に切り売りするというのだ。

「いくら岸田でもそこまでバカじゃないだろう」と思う人もいるかもしれないが、そういう人は釧路湿原で起こっている惨状をどう考えるのだろうか。

釧路湿原は、1980年に日本初のラムサール条約湿地として登録され、自然環境の再生・保全が進められてきた。湿原がある釧路市と釧路町のメガソーラーは2024年時点で27カ所。最大規模は東京ドーム45個分の約210万㎡である。

湿原の破壊はこれに留まらず、欧米やアジアの外国資本が続々と進出し、東京ドーム86個分の400万㎡ものソーラー計画も持ち上がっている。

再生エネルギーは自然環境保護が大義名分だが、このメガソーラーの施設地は絶滅危惧種キタサンショウウオの生息適地と重なっている。出産率を低くする「ＬＧＢＴ推進」と「少子化対策」を同時に行うなど、真逆の政策を平然とやってのける「岸田政治の真骨頂」と言えるだろう。

そもそも土地売買に外資参入の規制がほとんどないことが問題なのだ。繰り返すが、まず外資への参入障壁を設けてからニューエコノミーを起こすのが経済安全保障である。この「バカでもわかる理屈」がわからないのだから、岸田氏がバカ呼ばわりされるのも当然ということが導き出せるだろう。

安倍政権は近年稀に見る自民党の黄金期だった。ローマ帝国が黄金期である「五賢帝時代」に内部から腐敗したように、安倍時代に自民党の腐敗は始まっていたと私は考えている。「安倍さえいれば選挙に受かる」のだから、政策の勉強など政治家としての職務を全うしなくても済むからである。

その腐敗は安倍喪失後、「嘘と裏切り」に満ち、国家観不在の岸田氏の政権下で一気に進むことになった。

そのことが最初に噴出したのが「小泉進次郎現象」だ。これまで一人では話すこともできない「永田町要介護4」を当事者にして、軽薄な破壊者とバカを足した「世界の半分」を票田に勝利する前代未聞の戦略である。

そこに繋がって誕生したのが石破政権である。次章では、日本政治史でも特筆するべき異常事態の深層を明らかにしていこう。

# 第3章

# 小泉進次郎出馬が示す
# 自民党の超絶劣化

## 派閥解体で権力を掌握

２０２４年総裁選の前に押さえておかなければならないのが、「裏金問題」をきっかけとした派閥解体だ。岸田氏の側近といえば元夫、元夫の友人と「シャブ乱倫」の果てに元夫が怪死した妻を持つ、木原誠二氏である。派閥解体は木原氏にさえ相談されず、岸田氏の独断で宣言されたと聞く。

私はこの時点ですでに「怪しさ」を覚えていた。２０２０年総裁選では麻生氏に古賀誠氏との絶縁を迫られ、決断できなかったのが岸田氏の本性だ。翌21年総裁選は取り繕ったものの、安倍元総理没後にはその「癖」が噴出。外圧に対して判断できず、土下座を繰り返してきたのは、前述した通りだ。

「派閥解体」の英断は実に岸田氏らしくない。根底にあったのは「権力」への妄執だが、そのカラクリがわかるのは２０２４年総裁選時である。まず簡単に「裏金問題」を整理しよう。

「裏金問題」として報じられる一件は、派閥主催の政治資金パーティーを使って還流（キ

図表3-1　パーティー資金還流の概略図

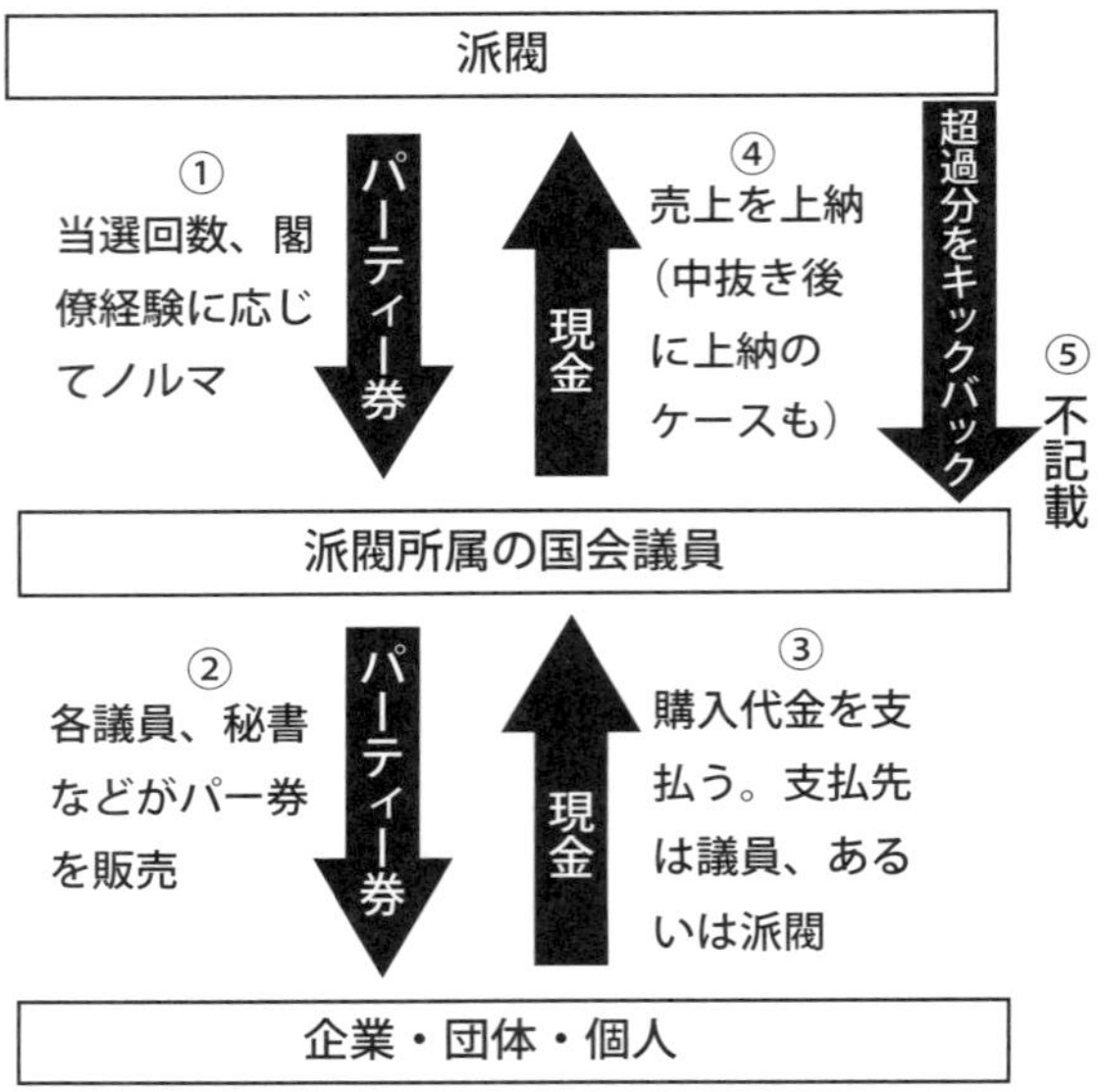


ックバック）した資金を「政治資金収支報告書に不記載した」という問題である。

派閥によって方法は違うものの、爆心地となった安倍派、二階派では、派閥の政治資金パーティーが開催される際、当選回数や閣僚経験に応じて所属議員に販売ノルマが設けられていた。

ノルマ超過分のパーティー券収入は所属議員にキックバック。この還流資金は政治団体の収支報告書に記載しないことが慣例になっていたのである。

まるで暴走族のパー券やステッカー販売と同様の収益構造だが、安倍派が2018～22年でキックバックした資金は約5億円。議員側はノルマを超えて集めた総額約1億円を、自身の政治団体等に納入せずに不記載にした。

また二階派は直近5年間で約1億円のキックバックを行い、議員側はノルマ超過分約1億円を自身の政治団体等に納入していなかった。岸田派の使途不明総額は２０１８年からの３年間で約３０００万円とされた。

## 「裏金問題」の問題点

２０２３年12月、総理だった岸田氏は安倍派所属の閣僚４人、副大臣５人を事実上更迭。安倍派の萩生田光一氏、高木毅氏、世耕弘成氏の党要職を解任した。同月には東京地検特捜部が安倍派、二階派事務所にガサをかける（家宅捜索する）。２０２４年１月23日に、岸田氏は岸田派の正式解散を発表。安倍派、二階派も解散。茂木派は政治団体として解散し、政治グループとしての存続を発表した。岸田氏発の派閥解体の流れに、

「派閥自体が悪ではない」

と、ただ一人、反旗を翻し、麻生派解体を拒んだのが麻生太郎氏だ。

この問題の根底にあるのは政治に莫大なマネーが必要となる構造である。そのことは日

本に留まらない。後述するアメリカ大統領選の勝敗を決定するのは、莫大なマネーだ。動くおカネは今回の裏金問題とは桁違いである。それゆえ前述したラーム・エマニュエル氏のような「狂人」でも重用されている。

なお、立憲民主党にしても政治資金パーティーを行っているのだ。自民党が「金銭政治」を辞めれば、別のカネを持つ政党が政権を取るだけのことである。

派閥が個人に代わってカネを集めなければ、政治は金持ちが独占することになる。また個人が特定企業と繫がりを持つことは、逆な意味で政治の腐敗を招く。

派閥は実行力の土台である。政策を実行するために必要なのは数だが、「数」は束にならなければパワーにならない。自民党が保守であることを前提に話を進める自民シンパの評論家、インフルエンサーが多くいるのだが、まずその前提が間違いだ。自民党とは「派閥」という少数政党が集まった連立政党である。対中政策では親中派と対中強硬派が、安全保障政策ではタカ派とハト派が、財政では財政均衡派と積極出動派が混在しているのだ。

自由民主党とは「脱米・ハト派」の自由党と、「タカ派・親米」の民主党が合流して1955年に結党した。そこから連なる派閥は「自由党」「民主党」に連なって今日まで続

## 図表3-2 自由民主党派閥系譜 55年体制

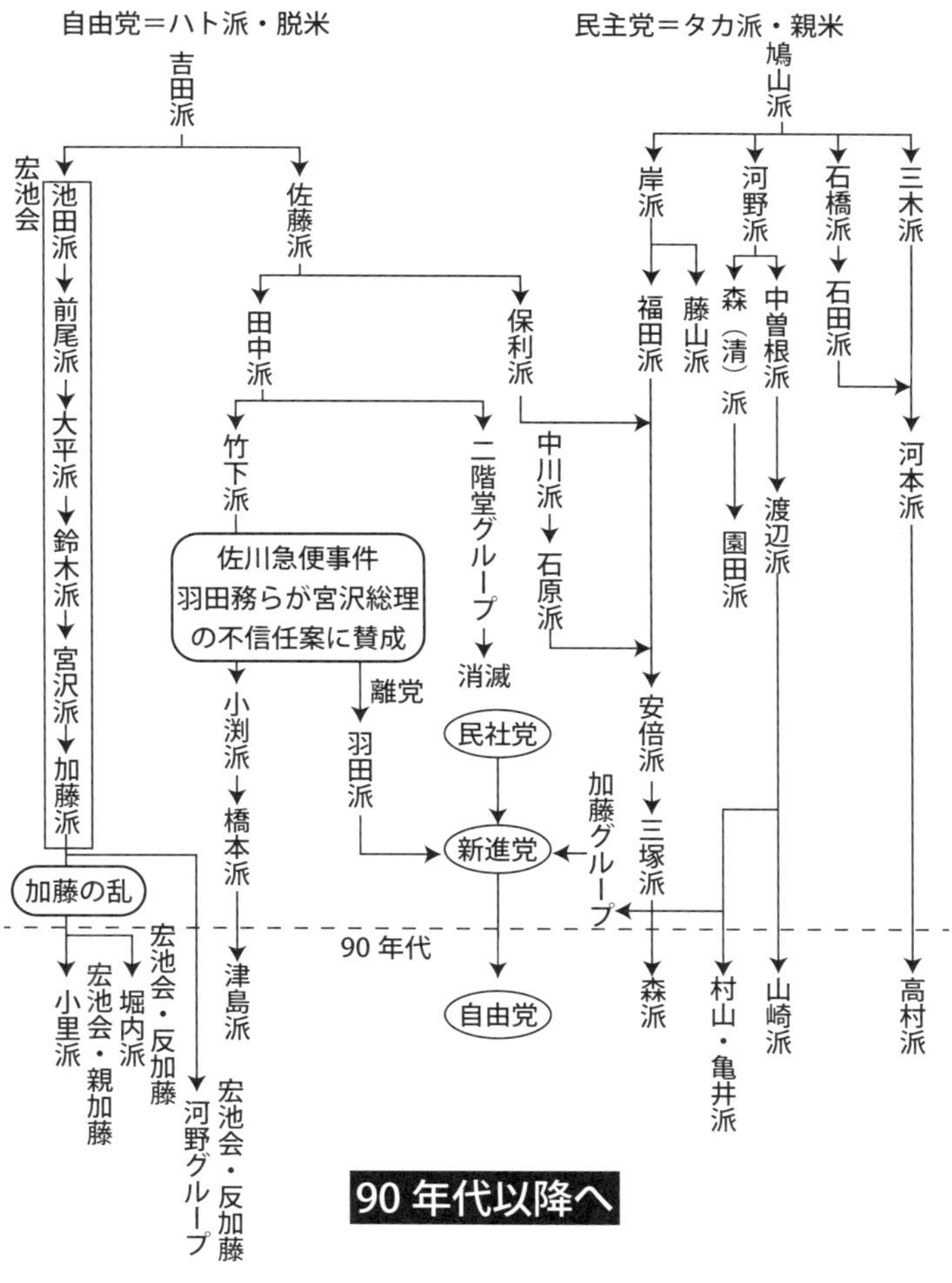

## 図表3-3 自由民主党派閥系譜 90年以降～ 2024年

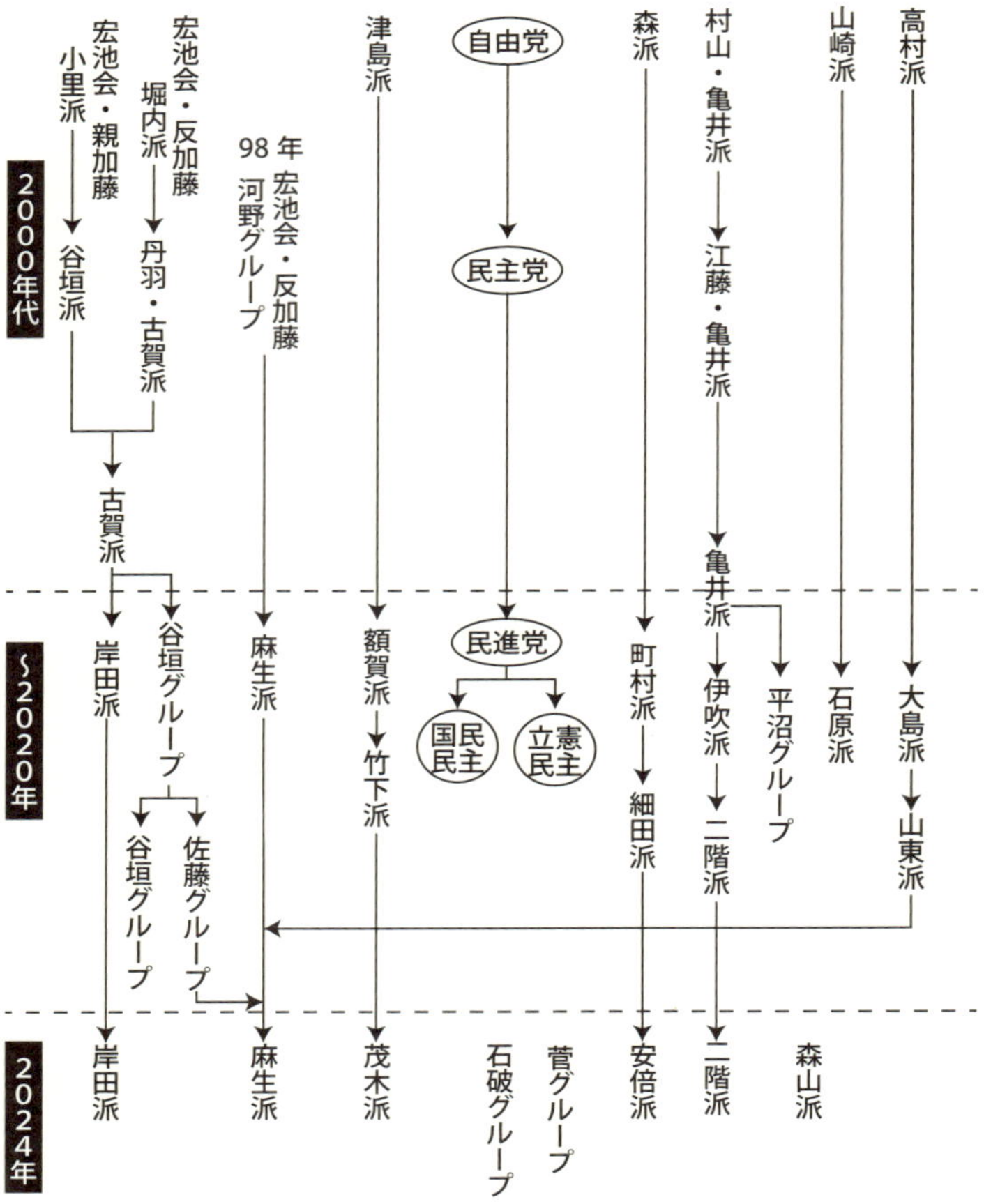

郵便はがき

料金受取人払郵便

牛込局承認

**9026**

差出有効期間
2025年8月19
日まで
切手はいりません

162-8790

東京都新宿区矢来町114番地
神楽坂高橋ビル5F

**株式会社ビジネス社**

**愛読者係** 行

| | | |
|---|---|---|
| ご住所　〒<br>TEL:　　(　　)　　FAX:　　(　　) | | |
| フリガナ<br>お名前 | 年齢 | 性別<br>男・女 |
| ご職業 | メールアドレスまたはFAX<br>メールまたはFAXによる新刊案内をご希望の方は、ご記入下さい。 | |
| お買い上げ日・書店名<br>年　月　日　　市区町村　　書店 | | |

ご購読ありがとうございました。今後の出版企画の参考に
致したいと存じますので、ぜひご意見をお聞かせください。

# 書籍名

お買い求めの動機

1　書店で見て　　2　新聞広告（紙名　　　　　　　　　）

3　書評・新刊紹介（掲載紙名　　　　　　　　　）

4　知人・同僚のすすめ　　5　上司、先生のすすめ　　6　その他

本書の装幀（カバー），デザインなどに関するご感想

1　洒落ていた　　2　めだっていた　　3　タイトルがよい

4　まあまあ　　5　よくない　　6　その他(　　　　　　　　　)

本書の定価についてご意見をお聞かせください

1　高い　　2　安い　　3　手ごろ　　4　その他(　　　　　　　　　)

本書についてご意見をお聞かせください

どんな出版をご希望ですか（著者、テーマなど）

いている。101～102ページに「自由民主党派閥系譜」を図式化してまとめた。イデオロギーが正反対の小集団が同床しても異夢を見ないのは、「与党維持」という同じ夢を追求するからである。

悪いのは派閥でも政治資金パーティーでもキックバックでもなく、「不記載」であるというのが麻生氏の主張だ。この麻生氏の主張の正否についての言及は避ける。というのは2024年総裁選に続く、衆院選、そしてその後に至るまで派閥は、善悪両方面で機能し続けているからだ。

## 安倍喪失後初の総裁選

LGBT法案成立以来、超低空飛行の支持率のままだったことで、党内には「岸田では選挙に勝てない」という不満が溜まっていった。2024年8月14日、岸田氏は総裁選への不出馬を表明。こうして2024年総裁選が始まった。

従来であれば派閥が候補者をコントロールしていたが、すでに派閥は解体されている。さらに不出馬を明言したことで、党の重職や閣僚などの肩書きに囚われず自由に出馬することが可能となった。

20人の推薦人を集めることさえできれば誰でも立候補できるということで高市早苗氏、小林鷹之氏、林芳正氏、小泉進次郎氏、上川陽子氏、加藤勝信氏、河野太郎氏、石破茂氏、茂木敏充氏の9人が乱立する事態となったのである。

２０２４年自民党総裁選の仕組みを次ページに掲載した。私が考える２０２４年総裁選の最大の特長は「安倍喪失後初」という点だ。

民主党政権への反発から自民党が「第二次安倍政権」として与党に返り咲くのは２０１２年12月26日のことである。この時の自民党は単に「与党になること」を目的にしていなかった。

安倍元総理は政権奪取の約３カ月前に行われた自民党総裁選に出馬する際、３つのテーマの実現を目的にして陣営で共有する。それは、

1．東日本大震災からの復興
2．デフレ脱却
3．憲法改正

図表3-4 2024年 自民総裁選の仕組み

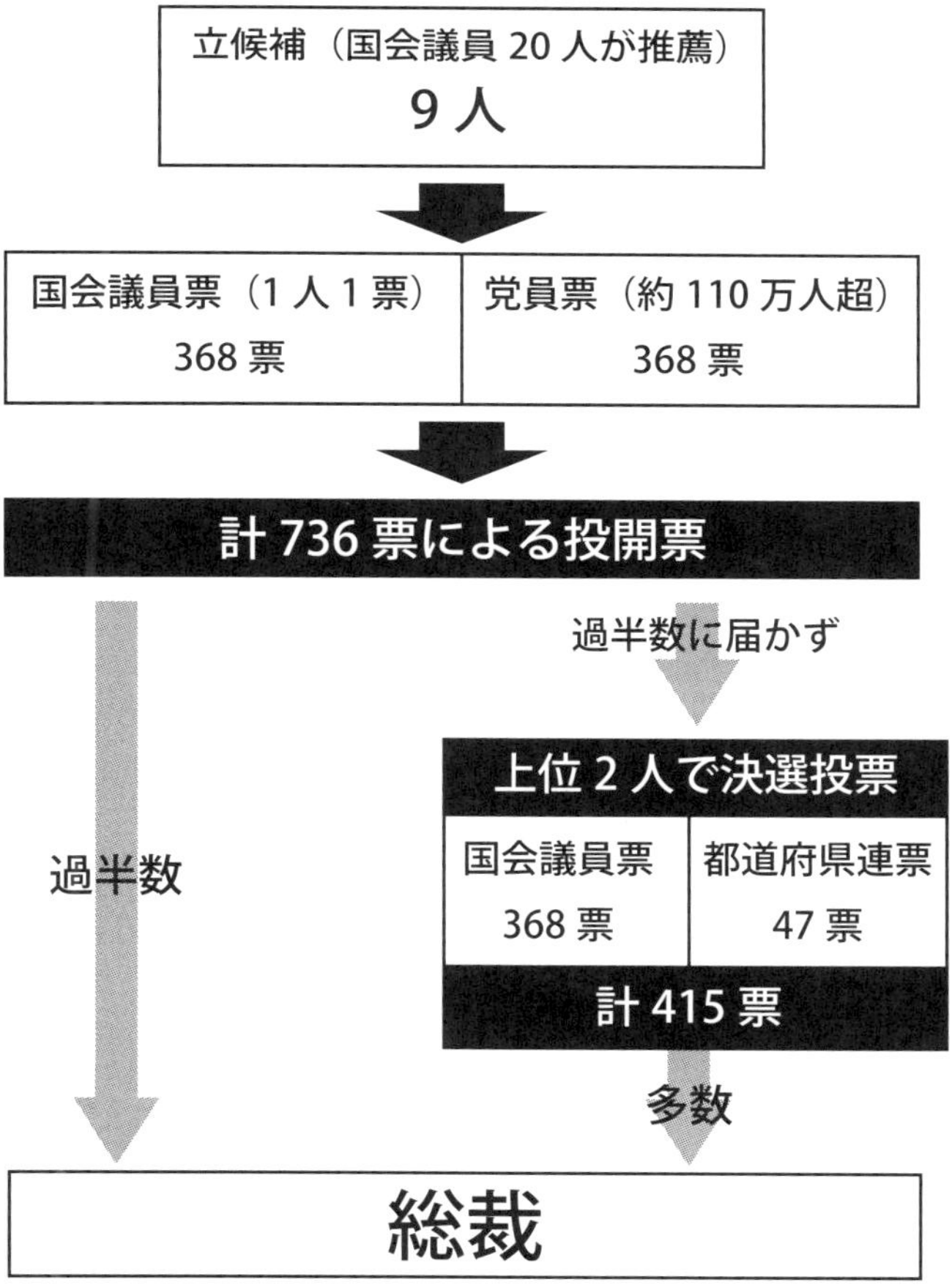

である。初めにあったのは「与党になること」ではなく、「与党になったらやるべき政治テーマ」だったということだ。自民本来の保守路線をまっとうし、岩盤保守層を票田にしながら、安倍政権は意図的に「左側」に政策のウイングを広げた。憲法改正を実現するためには、3分の2の議席を確保しなければならない。

世の中の半分で勝つだけでは届かないので、全部で勝つことを目指したのである。

実は同様の政治手法を目標にしているのが、2024年大統領選におけるドナルド・トランプ氏だ。共和党候補として指名された2024年7月の共和党大会で、トランプ氏はこう宣言している。

「私はアメリカの半分ではなく、アメリカ全体の大統領になるために立候補します。アメリカの半分のために勝っても、勝利はないのです」

トランプ氏の掲げた政治テーマは「強いアメリカの復活」である。2000年代以降支配的になったリベラルを超えて、ポスト・リベラル時代を実現させるためには省庁再編を含めた大改革が必要になる。そのためには「全体の大統領」を目指さなければならないからだ。

トランプ氏も安倍氏同様に、選挙に勝つことより「勝った後」のことを訴え票田を開拓している。移民や有色人種の浸透、外交の失敗など、民主党政権下で弱体化したアメリカから、かつての強いアメリカへの復活を全体に対して訴えた。

対するカマラ・ハリス氏が狙っている票田は「軽薄な破壊者」と「バカ」を合わせた半分だ。ビヨンセやテイラー・スウィフトをはじめハリウッドの有名人を駒に使うのは、その層を誘引するのに最適だからである。

疑う人もいるかもしれないが、バイデン大統領撤退からの動きを考えて欲しい。バイデン氏に対して批判的だった人たちが、候補者をすげ替えただけであっという間に掌を返し評価しているのだ。

その候補者はバイデン政権の失政の中核である。イデオロギーや政策ではなく「名前」でいとも簡単に支持を変えること自体が、「軽薄な破壊者＋バカ」を票田としている証左ではないか。

ここから導き出せるのは、健全で合理的な思考を持つ人たちはトランプ氏に向かうということだ。すなわちトランプVSカマラ・ハリスの戦いは、「健全で合理的な思考を持つ人たち」と「軽薄な破壊者＋バカ」の主導権争いということになる。この対立構図は今回の自民党の総裁選と相似していると私は考えている。

## 高市・小林VS小泉・石破

長期政権を維持し禁断の「3選」まで期待された安倍元総理が、健康問題を理由に突然辞任を発表したのは、2020年8月28日のことだった。2020年に菅義偉政権、2021年に岸田文雄政権とトップは替わったものの、貫かれたテーマは「安倍政権の積み残しの実現」だったからである。

最大派閥、安倍派のトップだった安倍元総理の下で総裁選が行われていたのだから、党内勢力から考えても政権に影響力を持つのは当然だ。総理が替わっても「安倍政権」は続いていたと私は解釈している。ところがその安倍元総理が2022年7月8日に奈良県で無職・山上徹也に殺害されてしまう。

元々、国家観がなかった岸田文雄氏が総理を担えていたのは、「安倍晋三」という国家観があったからだ。国家観を喪失したからこそ憲法改正を行わず、LGBT法案を成立させたのである。

だが、そもそも自民党に国家観を持ちながら、選挙に勝てる人物が安倍元総理以外にいたかは疑問だ。というのは優れた政策立案者にして国家観を持ち、リーマン・ショックに対して異次元の財政出動で対応した麻生太郎氏にしても、選挙での勝利は難しく短命に終わったではないか。

イデオロギーと選挙での集票能力は似て非なるものだ。両方を持っている人物はそう多くはない。

さてこうして整理すれば、2024年総裁選の「安倍喪失後」という特長が伝わるのではないだろうか。国家観を喪失し、勝てるリーダーを喪失した後の「初」の総裁選である。

イデオロギーと集票能力の2つの能力を持っている人物がいないということで、2つの選択肢を争うことになったのが今回の総裁選だ。1つが「選挙に勝てる顔」、もう1つが「国家観を保有している政治家」。前者が小泉進次郎氏や石破茂氏で、後者が高市早苗氏、小林鷹之氏である。

## 突如現れた「コバホーク」の背景

２０２４年総裁選が開始するや、「コバホーク」というあだ名とともに、メディアを通じて急速にゴリ押しされたのが、世間的には「無名」だった小林鷹之氏である。私が小林氏に操縦者がいることを確信したきっかけは、総裁選出馬のタイミングだ。

岸田総理が総裁選不出馬を表明したのは２０２４年8月14日のことだった。小林氏が総裁選出馬を表明したのは、そのわずか5日後の同月19日のことである。先に名乗りを上げて知名度を得るという戦術は理解できる。だが小林氏は当選わずか4回で、しかも「無名」である。そんな人物が20名もの推薦人をたった4日で確保できたのは、異常だ。

小林氏に「コバホーク」のタグを貼って永田町百貨店に陳列した中心人物こそ、甘利明氏である。

小林氏は超進学校として知られる開成高校を卒業後、一浪を経て東大法学部に進学する。東大卒業後に進んだのが大蔵省、現在の財務省である。政界入りを志したきっかけは、あの悪夢の民主党政権だ。小林氏は２００９年の政権交代と鳩山由紀夫政権による日米関係崩壊を国家の危機と考えた。

ワシントンの日本大使館に出向していた小林氏が「政界入り」を訴えるべく手紙を書いた相手が、当時自民党総裁だった谷垣禎一氏である。谷垣氏から地元千葉２区選出の引退した衆議院議員を紹介され、同区の支部長公簿に応じ、２０１２年の選挙で初当選。以来、当選３回を重ねて総裁選に挑んだ。

派閥は二階俊博氏が率いた二階派だったが、麻生派の甘利明氏と距離を縮める。２０２０年６月４日に当時、政調会長だった岸田文雄氏が新国際秩序創造戦略本部を設立し、自らが本部長、甘利氏を座長に指名すると、この戦略本部に参画。甘利氏に、その能力を高く評価される。

こうして２０２２年８月１日に初代経済安保担当相に抜擢されたのである。

小林氏は生粋の甘利チルドレンということだ。実際に８月上旬、政治部記者や評論家などに向けて「コバホークゴリ押し」を指南していたのは甘利氏周辺だ。麻生―甘利氏に近い記者や評論家が「コバホーク」を連呼し始めた。

ただし、この裏事情を知らずとも、甘利氏と経済安全保障との関係について整理すれば「コバホーク」の操縦者の正体を自ずと導き出すことができる。

## 経済安全保障のゴッドファーザー

「経済安全保障戦略」の母体は2006年の第一次安倍政権に遡る。当時外務大臣だった麻生太郎氏がヨーロッパから極東までのユーラシア大陸沿岸部を「価値観」によって連結させる「自由と繁栄の弧」がそれである（次ページ図参照）。

発表者は麻生氏だったものの、このアイデアには安倍晋三元総理、中川昭一氏の通称「ANA」。そして安倍元総理のブレーン中のブレーンで初代国家安全保障局長、谷内正太郎氏が深く関与した。

この「経済安全保障」グループで頭角を現したのが甘利明氏だった。

第一次安倍政権で日米豪印戦略対話（QUAD）が始まった原動力は、この経済安保発案者グループである。第一次安倍政権は短命に終わり、麻生太郎政権が敗れて、悪夢の民主党政権に政権交代。下野した自民党内で粛々と経済安全保障を研究し続けていた中核議員が甘利明氏である。

2012年に第二次安倍政権に政権交代すると、安倍元総理が「自由と繁栄の弧」を母

図表3-5

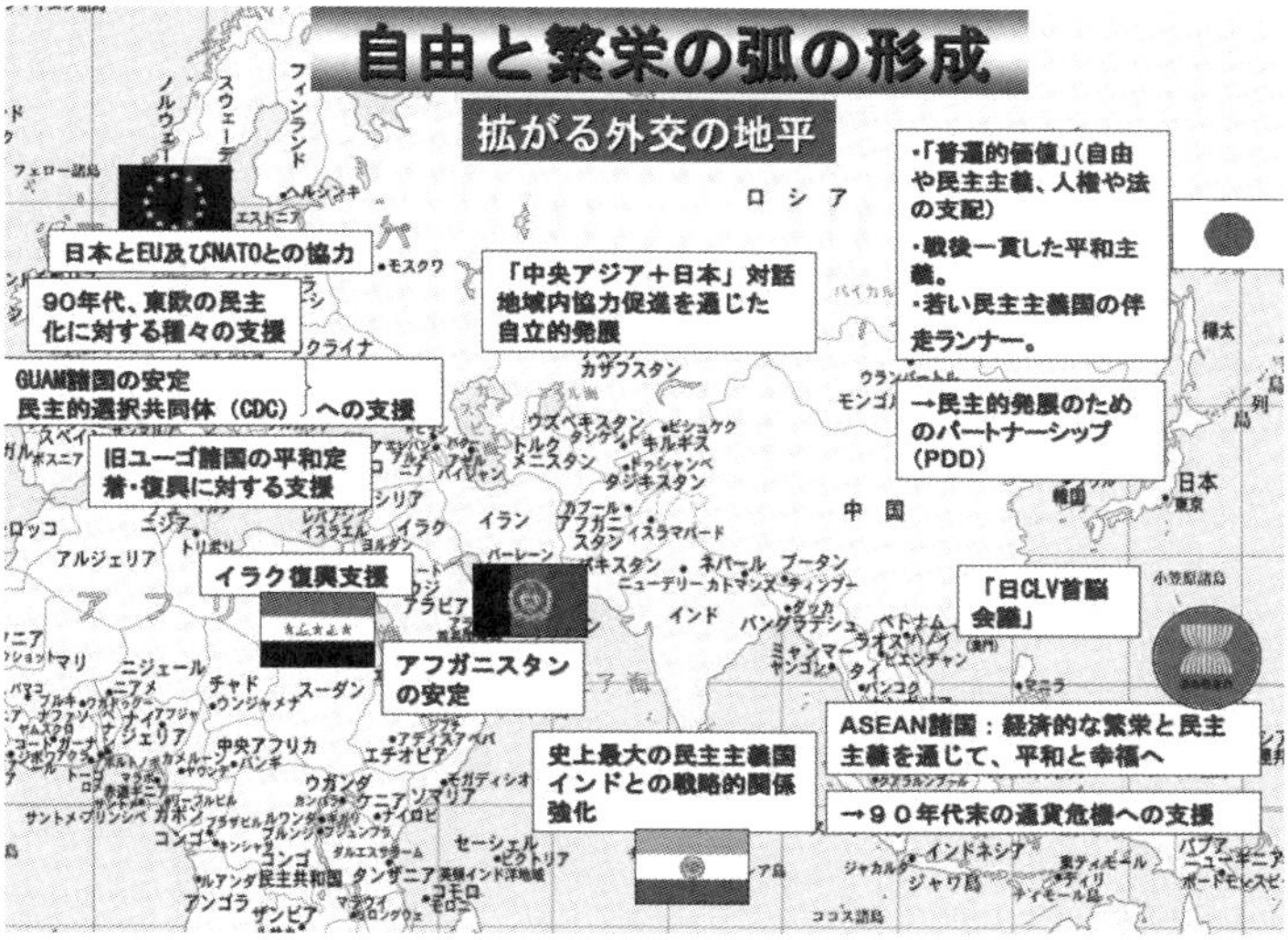


体として、日米豪印を連携させて中国を封じ込める「セキュリティ・ダイヤモンド構想」を発表。悪夢の民主党政権下で休眠状態になっていたＱＵＡＤを復活させる。

憲法制約などから軍事を前面に出した国防が困難な日本にとって、「経済安全保障」という概念は極めて重要な国防戦略だ。その中核にいた甘利氏はＴＰＰ交渉でめざましい活躍をみせたという。

「冷血動物」と評される合理主義者バラク・オバマ氏が、２０１５年に向けてアメリカの国益のためにゴリ押ししてきたのがＴＰＰ交渉である。当時、日本はデフレのまっただ中にいたが、ＴＰＰはデフレ政策である。オバマ政権の言い分をそのまま飲むことは日本の国家存亡の危機でもあった。

タフな交渉によってTPPを日本の国益に転換した中心人物の1人が甘利氏だったという。その後、トランプ政権がTPPをギブアップしたのは、アメリカにとってメリットが少なくなってしまったからだ。

2017年には甘利明氏が発起人、会長となる「ルール形成戦略議員連盟」を設立。経済安全保障の研究が進んだ。甘利氏の手腕を高く評価しているのは、むしろアメリカの政府関係者である。ワシントンで甘利氏は、「経済安全保障政策のゴッドファーザー」と評価されている。

まさに小林氏の「師」だが、岸田政権が甘利氏を切ったことは前述した。

## ガワだけ純一郎

2024年自民党総裁選の公示日前の世論調査などで圧倒的リードに位置付けていたのが小泉進次郎氏である。前述したように森喜朗氏、菅義偉氏の「軽薄な破壊者＋バカ」を票田にして「半分で勝利する戦略」は機能した。

2024年9月6日、「新時代の扉をあける」のキャッチコピーを掲げて、順風満帆で出馬を正式表明した。「セクシー」など謎の進次郎構文が、会見で鳴りを潜めたのは手元に付箋がびっしりはられた分厚い「台本」のお陰だ。

参加者にも「レジュメ」が配布されたが、「決着」から始まる全文を116～118ページに掲載した。政策を精査する前に考えたいのが「政治家　小泉進次郎」の正体である。

関東学院大学を並以下の成績で卒業した進次郎氏だが、その後、アメリカの保守系シンクタンクCSISに留学する。CSISは2020年に二階俊博氏を「親中派」と名指しで非難し、2023年には米中が台湾海峡で軍事衝突した際のシミュレーション結果を公表した、有力シンクタンクだ。

日本とアメリカのシンクタンクの違いは、「政界との距離」である。政権交代が行われるとスタッフも丸ごと交代するのがアメリカだ。ワシントンを追われたスタッフはメディア業界やシンクタンクなどに身を移し、次の政権交代の時を待つ。この構造は「回転ドア」と呼ばれる。

決着
新時代の扉をあける

令和6年9月6日
衆議院議員 小泉進次郎

1. 今回の総裁選で問うべきもの

○自民党が本当に変わるのか。変えられるのは誰か。
○改革を唱えるリーダーではなく、改革を圧倒的に加速できるリーダーを。
○時代の変化に取り残された日本の政治を変える。
○長年議論ばかりを続け、答えを出していない課題に決着をつける。
○大きな課題ばかりだけでなく、一人一人の小さな願いも届く政治を実現。
○総理・総裁になれば、できるだけ早期に衆議院を解散し、国民の信を問う。

<政治改革>

○政治資金の透明化のため、政策活動費を廃止。旧文通費は公開、残金は国庫返納。
○政治資金問題について国民の審判を仰ぐ。今回の問題の当事者となった議員を選挙で公認するかどうか、厳正に判断。<聖域なき規制改革>
○労働市場改革の本丸である、解雇規制の見直し。
○ライドシェアを全面解禁し、地方の移動の不便を解消。

<人生の選択肢の拡大>

○選択的夫婦別姓の導入、「年収の壁」の撤廃、労働時間規制の見直しなど、一人一 人の人生の選択肢を拡大。

<憲法改正>

○戦後初めての国民投票を実施。
○来年で自民党が誕生して70年。自民党の立党以来の約束を守る。

2. 日本の現状認識

○日本は衰退。厳しい国際情勢の中、日本の国際社会における影響力は低下。
○日本の衰退の理由は、社会全体に漂う閉塞感、ダイナミズムの不足。
○「出る杭を伸ばす」「失敗を許容する」「誰もが再チャレンジできる」。寛容の精神 とダイナミズムを日本社会に取り戻す。

○覚悟を持って、やるべきことを断行し、未来に明るい展望のもてる国に。
○誰もが萎縮せず、誰かの評価より、自分の気持ちに正直に生きられる国に。

3. 政治改革

○最初に着手するのは、国民の共感を取り戻すための政治改革。
○政治資金の透明化、自民党改革、国会改革を三位一体で推進。
(1) 政治資金の透明化
○使途が公開されていない政策活動費は廃止。
○使途が公開されていない旧文通費も、使途の開示と残金返納を義務付け。
(2)自民党改革
○今回の政治資金問題の当事者となった議員は、国民への説明責任を果たし、選挙で 信認を受けるまで、要職に起用しない。
○衆議院を解散し、国民の信を問う。不記載議員については、選挙で公認するかどうか、①説明責任を果たしてきたか、②再発防止に向けた取組を進めているか、に基づき、地方組織や地元有権者の意見などを踏まえて、新執行部において厳正に判断。
○人事は実力主義。能力ある議員が、当選回数と関係なく、責任あるポジションにつくことが当たり前の仕組みに。
(3)国会改革
○総理や閣僚の国会張り付きを廃止。デジタル化を徹底的に推進。
○国家公務員の働き方改革を推進。志のある優秀な人材が集まる仕組みを整備。
○質問通告の時間遵守を徹底し、国家公務員の深夜残業を減らす。

4. 聖域なき規制改革

○ライドシェアを完全解禁。
○労働市場改革の本丸である解雇規制の見直し。
○スタートアップが劇的に拡大する仕組みを整備。

5. 人生の選択肢の拡大

○選択的夫婦別姓を認める法案を国会に提出、国民的な議論を進める。
○働いても手取りが下がる「年収の壁」を撤廃。働いている方には原則、厚生年金が 適用されるように制度を見直す。
○労働時間規制の緩和を検討。残業時間規制の柔軟化を検討。

6. 次の80年への挑戦

○1年以内に政治改革、規制改革、選択肢の拡大の3つの改革を断行。
○その先に、次の80年を見据えた中長期的な構造改革に挑戦。
(1) 強い経済
○世界が群雄割拠へと向かう中、日本に必要なことは、強い経済を取り戻すこと。
○新しいことにチャレンジすることを社会全体で応援する仕組みを強化。
○スタートアップ支援強化、大学等の見直し、教育制度の抜本改革に取り組む。
○インフレと金利がある環境でも、経済が成長できるよう、日本経済の体質強化。
○物価高の影響を受けている低所得者や中小企業への支援に取り組む。
○総理になれば、直ちに経済対策の検討を指示。
(2) 強い外交
○強い経済を基盤として、厳しい国際情勢を乗り切る「強い外交」を推進。
○日本自身の防衛力の強化を加速。防衛費対GDP比2%を速やかに実現。
○日本外交の基軸である日米同盟を強化し、レベルアップ。
○オーストラリアなどの同志国との間でも、安全保障や防衛生産基盤の協力に加え、通商や経済安全保障面での連携を拡大・深化。
○「自由で開かれたインド太平洋」「平和と繁栄のインド太平洋」のためのネットワ ークを強化、自由で開かれた国際秩序を守り抜く。
○首脳レベルの戦略的外交を推進。中国や北朝鮮との直接対話にもオープンな姿勢。
○拉致問題の解決はこれ以上先送りできず。同年代のトップ同士、胸襟を開いて直接 向き合う適切な機会を模索。
(3)憲法改正
○新しい日本を創る上で、憲法改正は最優先で取り組む課題。
○自民党は70年前に憲法改正を実現するために立党。議論だけ続けて、何も変わらない状態を、これ以上放置できず。
○自衛隊の明記、緊急事態対応、合区解消、教育充実の4項目は、時代の要請。
○国会において、憲法論議の推進に全身全霊で臨み、憲法改正発議の環境が整えば、直ちに発議の後、国民投票を実施。

対する日本は民間ではなく、霞が関がシンクタンクの代わりを務めているので、政策は「官僚主導」になる傾向が強い。

もちろんＣＳＩＳ時代の小泉氏が何かの論文を公表したことは確認できない。

その小泉進次郎氏が政界進出した理由は「政治一家小泉家の存続」である。元々本人に政治家志望がなかったことは有名だが、兄の小泉孝太郎氏が大根役者の道に進んだことで、小泉家には選択肢がなくなってしまった。

そんな進次郎氏が政界入りして最初に取り組んだのは、父・純一郎のモノマネである。父の演説動画を繰り返し繰り返し見て、表情や声の出し方を延々模倣し続けた。

このことが嘘や誇張でないことは、新人時代からの進次郎氏が報道機関などにマイクを向けられた過去動画を検証してみればいい。仕草こそ父親そっくりだが、政策など中身についてては、ほぼかわし続けていることがわかるだろう。

後年、自民党青年局局長に就任するのだが、その時も「政策」についてはまるで学んでいなかったし、考えてさえもいなかった。党執行部も進次郎氏を選挙の客寄せパンダとして重用していたし、進次郎氏側もモノマネで食べていけるならそれが楽だった。両者の思惑が一致して「無能」のまましばらく永田町を過ごしてきたのである。

初めて小泉氏の超絶無能を突っ込んだのが、テレビ東京の選挙特番でMCを務めた時の池上彰氏だ。その時も、しどろもどろになって父親のモノマネで乗り切ったが、さすがに「無能」を超越した「バカ」であることが露呈したのである。

つまり「小泉進次郎」という政治家の中には「小泉純一郎の外面」以外に存在しないということだ。現在のポスター写真を見ても、そのことは一目瞭然だ。

問題なのはあの父親より、驚愕するほど知性に乏しい点だ。ゆえに「レジ袋撤廃」などを突発的に始めるのである。配布された文章全体を通じて「改革」という言葉が19回も繰り返されているのが「ガワだけ純一郎」の証左だ。永田町的には「ギリギリの健常者」ということで、介護者が必要となっているのである。

## 似たもの同士を票田にする

実際に出馬会見で、「知的レベルの低さで恥をかくのではないか」と質問された小泉氏は、

「私に足らないところが多くあるのは事実だと思う。完璧でないことも事実だ。しかし、

その足りないところを補ってくれる最高のチームをつくる」と、介護者が必要なことに胸を張った。そんなチーム小泉の戦略は「小泉進次郎と同一レベルの層の票田化」だ。都知事選「石丸現象」でも明らかなように、ＳＮＳは、「軽薄な破壊者」を大量生産した。似たもの同士の「友情・努力」によって「勝利」を目指したのでる。

本稿では「軽薄な破壊者＋バカ」を「進次郎層」とする。

憲政史上最軽量の神輿を現場で担いだのは菅義偉氏だ。そう断定できる理由は三原じゅん子氏が出馬表明前から小泉氏を推しているからである。

三原氏の地盤は神奈川でバリバリの菅シンパだ。女性保守の一角と見られていたがイデオロギーは皆無で、「親が言ったらシロもクロ」という渡世の論理に従って小泉氏を推した。元々菅義偉氏は河野太郎氏と蜜月だったが、両者関係に亀裂が入り、総裁選時は決裂に近い状況になっていた。そこで菅義偉氏が目を付けたのが小泉進次郎氏だったのである。

選挙すべてを勝利した第二次安倍政権という「常勝軍団」にあって、大量生産されたのは劣化議員だ。政治や国家のことなど考えなくても、安倍元総理がいれば議員でいられるのだ。官邸主導で政治を運営した政権でも欲しいのは、文句も言わずに政権に従う一票要員だ。

実際に安倍元総理時代に、不倫の果てに同棲した相手とのケンカで長期欠席した今井絵理子氏。歌舞伎町ラブホテルに外国人を連れ込んで婚外交尾を愉しんだばかりか公設秘書給与詐取で起訴された広瀬めぐみ氏。エッフェル塔の松川るい氏、あるいは公職選挙法違反と政治資金規正法違反で有罪となった堀江学氏など、目を覆うばかりの「能なし議員」が生まれているではないか。

こうしたわかりやすい人たちの裏側には、もっと大量の「劣化議員」がいる。そうした議員にとって最も安直な勝利の方程式こそ、「顔と名前」だけに惹かれる「進次郎層」を票田にする選挙である。

小泉氏が総裁になった時の最大のメリットは「無能」という点だ。「進次郎層」を票田にすることで政権は安定する上に、介護者次第でどうにでもなる。小泉進次郎氏が生まれてから現在まで「憲法改正」など考えたことさえないことは、断言してもいい。もっといえば「憲法」を説明できるかどうかも怪しい。出馬表明の中「憲法改正」が含まれているのは、介護者の影響である。

## 進次郎の介護者が狙う「新巨大利権」

問題は「永田町的ギリ健」ゆえに自己判断能力がない点だ。私が最初に気になったのが「労働市場改革の本丸である解雇規制の見直し」である。

歴代自民党で「雇用の流動化」を最も推し進め「労働市場」を巨大利権化したのが、小泉純一郎政権で政策の中核にいた竹中平蔵氏である。後にパソナの会長としてその流動化した雇用の仲介利権を最大限に享受したことから、「竹■《なかぬき》平蔵《へいぞう》」というスラングが生まれることになった。

近年になって竹中氏、あるいは竹中氏シンパは自分たちが「小泉時代の中核ではない」と主張するようになっているが、これは真っ赤な嘘だ。

竹中氏が開発した「竹中システム」とは有識者会議などに参加して、遠隔から利権誘導を働きかける政治手法である。「会議」であるから意思決定の責任者がぼやけるだけで、合法的に利権を自分に向かわせたのである。

解雇規制を見直すということは誰でも首にできるということだ。つまり正規労働者の非正規化である。「ガワだけ純一郎」だが介護者である「中の人」は真っ黒ということだ。

この新奴隷制度の犠牲になる筆頭候補が、他ならない「小泉進次郎」に一票投じる「進次郎層」である。

あの小泉純一郎ブームの時に「純ちゃん」と黄色い声を上げていた大量のご婦人たちを思い浮かべるといい。黄色い声のご本人、ご主人、子供たちが苦しんだのは小泉政権が作った奴隷制度のおかげである。

まさに自分の首を絞める愚行が繰り返されようとしている瞬間だった。

このことが有権者に共有されたのは、結局のところ自民党の目的は政治、ではなく与党でありたいという「党利」ということだ。その「党利」を支えるのが権力、利権が欲しいという「私利」である。序盤の「小泉進次郎独走」がその証左だ。

## 鳩山政権とPR会社

ペラッペラの政治家としての資質、能力を「普通の政治家」に仕立て上げたのが、この会見を仕切ったのがPR会社「アンティル」であることが『週刊新潮』（2024年9月19

日号）で明らかにされた。

介護チームの一員であるＰＲ会社が質問を製作し、子飼いの記者に読み上げさせる。当人は手元に大量の付箋を貼ったＰＲ会社が作成した原稿を読み上げる。「平常運転の小泉進次郎」とはまったく違う、しっかりとした問答による記者会見のいっちょ上がりだ。

公約では「反自民的」な政策が多く盛り込まれた。本来、自民党所属の国会議員、党員なら「ノー」を突きつけるところだが、聞こえてくるのはむしろ拍手と喝采だ。この反応に空恐ろしさを覚えたのは、ＰＲ会社が情報を暴力に変えた時の破壊力を知っているからだ。

ＰＲ会社にはリベラルも保守もない。依頼者を受からせるために、ひたすら有権者の認知領域を攻撃し続ける。思い出していただきたいのが、２００８年の民主党・鳩山由紀夫政権成立だ。

この時も有権者の認知領域への攻撃がＰＲ会社によって行われた。フタを開ければ政府によるインフラ投資を、有権者への直接的な「バラマキ」に転換したに過ぎない政策も、

「コンクリートからヒトへ」

というキャッチコピーを付けたことで多くの人の認知領域が攻撃された。ＳＮＳ黎明期

ということでリベラルメディアが、「軽薄な破壊者＋バカ」量産のシナジーを構築した。少数派となったことで「合理的な思考を持つ現実主義者」人たちの認知領域も破壊され、結果、日本はしばらく悪夢の時間帯を過ごすことになったのである。

このまま行けば、悪夢が再現されてしまうのにもかかわらず、党内から聞こえてくる声の大多数は要介護4の羽毛級候補への「拍手喝采」だった——。

## 夫婦別姓と極左

出馬会見以降、対抗馬以外で唯一表に出てきた進次郎批判の主は、当時、副総裁だった麻生太郎氏によるものだ。

「人気投票になっては絶対にいけない。国の将来を間違えることになる」

と話していたことが報じられた。本来なら、自民党の半数が訴えるべき批判だが、安倍晋三元総理逝去後、岸田政権下で自民党は想像を遥かに超えて劣化した。

その証左とも言えるのが、小泉進次郎氏が提示している夫婦別姓の危険性が、大多数の自民党員の間でまったく議論されていないことだ。

自称とはいえ「保守」を名乗る政党にあって、異様なことである。夫婦別姓の危機について いち早く指摘したのは、自民党ではなく日本保守党共同代表・百田尚樹氏である。百田氏は、

〈小泉進次郎がやろうとしている「選択制夫婦別姓」。

しかし、ちょっと待ってほしい。

夫婦別姓は、必ず親子別姓になる。また兄弟別姓にもなる可能性がある。

夫婦も兄弟も姓が異なる家は、はたしてファミリーと言えるのだろうか。それはもう事実婚と同じであり、認知しただけの親子関係と変わらない〉

とXにポストした。ここに思想性ゼロで論破のための論破を目的とするディベーター・ひろゆき氏が、「百田さんが夫婦同姓が良いと思うように、夫婦別姓が良いと思う家族も居るので、勝手に選ばせれば良いという話しです」という、陳腐な勝手論をぶつけてきた。そこで百田氏は、

〈夫婦別姓を目論む人たちは、そういう人の心理を利用しています。彼らは次に「選択」を外し、最終的には日本の家族制度の崩壊と戸籍制度を無くすことを目標にしています。その背後には、フランクフルト学派の考えがあります。

陰謀論に聞こえるかもしれませんが、リベラルに形を変えたネオ共産主義者はそこまで考えています。

また、日本文化を破壊し、別姓の中国・韓国化にしたいと目論む人たちもいます〉

とした。百田氏の言う「フランクフルト学派」とは、20世紀初頭にドイツのフランクフルトで設立された社会研究所を中心に活動した学者たちのグループである。マルクス主義を土台にしつつ、ヘーゲルの弁証法やフロイトの精神分析を取り入れた批判理論を展開した。

家族制度を土台に社会を考察するヘーゲル哲学は、総体として保守派の哲学とされているが、その弁証法のみを取り入れて左翼思想に特徴的な「批判」に応用したとでも言うべきか。

20世紀前半、「左翼」とはソ連型社会主義、スターリニズムが主流だった。フランクフルト学派は、その守旧的左翼思想とは一定の距離を置いて新しい形のマルクス主義を模索。日本においては１９６０年代の新左翼運動に影響を与えている。

## 極左が夫婦別姓を求める背景

百田氏の主張は陰謀論でもなんでもない。私の言葉で言えば夫婦別姓とは戸籍を「個籍」に切り替える制度だ。それは家という歴史を分断することである。そうした「歴史の分断」を新左翼は「革命」と呼ぶ。

この「歴史の分断」の最も卑近な例が日本におけるＬＧＢＴ運動である。元々、新左翼でもなんでもないグラビアアイドル出身の蓮舫氏は付け焼き刃としても、なぜ極左出身の辻元清美氏がことさらＬＧＢＴ運動に注力するのか――それは「戸籍」の「個籍化」にある。

戸籍上に記載される「性」を、自認した「性」に切り替えることを法律で認めることは「戸籍制度」の「個籍」化だ。

戸籍制度は長い時間の中で培われてきた家父長制に連なっている。家族の構造という歴史を分断することは、フランス革命のごとき「歴史の分断」で、極左的な言語で「革命」である。

まさに極左の本懐とも言える政策が、平然と自民党総裁選のテーブルの上に乗り「人気投票」に乗じて具現化されようとしている危機を、他ならない自民党員が一切気づいていない。

より恐ろしいのは小泉進次郎氏自身が、総裁選で挙げた公約の真意を生まれた時から、総裁選出馬のその日まで考えてこなかったことだ。それどころか総裁選後の今日になっても考えていないと私は確信している。

「圧倒的なスピードで改革する」

とは、「議論を無視して日本を破壊する」ということだ。仕切るのはもちろん、小泉氏の介護者である。小泉陣営が「進次郎層」を釣るために投下したもう一つのエサが、解雇要件の緩和である。騙す言葉はわかりきっている。それは、

「老害を会社から解雇すれば、若い人の賃金が上がる」

というものだ。騙される側が理解できないのは、解雇対象の最優先にされるのは「老害」ではなく、進次郎層の「当人」であることだ。現実として訪れるのは、自分の賃金が

上がることではなく、当人が路頭に迷うリスクである。

## 経済右派と経済左派の逆転

能力の低さから現実社会で辛酸を舐めている進次郎層に限って「非正規」の問題には口うるさい。ところが、この解雇要件の緩和は「非正規の増殖」どころか、労働者をすべて「非正規層にする」ということだ。企業側に「解雇権」という圧倒的な権力を与えることで、日本人労働者のほとんどを「奴隷」にする制度だ。

岸田政権下で日本は「外国人労働者」を急増させた。この外国人労働者政策を推進するとき、経団連に連なる政治家たちの言い分は、次のようなものだった。

「外国人を労働力として雇えば生産性が上がる。そうすれば日本人は賃金を下げずに働き方を変えることができる」

フタをあけてみてわかったのは日本人の労働時間の激減だ。名目賃金はわずかに上昇したものの、インフレ率を引けば実質賃金は目減りした。そのことがわかっていたので合理的現実主義者は移民政策に対して、

「労働賃金は高い方に合わせられるのではなく、安い方に合わせられる」と反論したのだ。賃金を低い層に合わせるばかりか、今度は「解雇」についても外国人労働者に合わせるというのだ。

「進次郎層」が理解できないのは、たとえ「解雇要件の緩和」が実施されても、社会の中にはそのリスクから逃れる「終身雇用の利権者」たちが絶対数存在するという事実だ。その頂点の1人「老害中の老害」こそが、この政策を実現したい経団連会長である。

実はこのような経済を市場に任せる考え方は、経済右派と呼ばれる。社会主義的政策、あるいはマクロ経済的政策とも呼ばれる経済政策で高度経済成長期を果たしたことで、日本の保守政治家の経済政策は、実は経済左派的政策を取ることが多い。イデオロギー的には保守とされた安倍元総理も財政出動型、すなわち経済政策的には左派にカテゴライズされる。

経済右派の権化である経団連と軋轢を抱え続けていたのはそのためだ。

極端な経済右派的政策を猛烈な勢いで推し進めたのが小泉純一郎政権であり、その中核にいたのが竹中平蔵氏だ。考えて欲しいのは、今回の小泉進次郎氏の「解雇要件の緩和」を竹中平蔵氏が主張したらどうなるのかという点だ。

怒りで顔面を真っ赤にしてＳＮＳに呪詛の言葉をポストしまくるのは、進次郎層である。「進次郎層」にとって重要なのは内容ではなく、主張する「人」である。ゆえにＰＲ会社に認知領域を揺らされ、いともたやすく社会の養分にされるのだ。

この「小泉進次郎現象」を２０２４年自民党総裁選限定で発生した「一過性の現象」だと私は考えていない。これは戦後日本が罹患した病気が、令和の時代により深刻な状況になった表れだ。衆院選惨敗を予見することもできず、自民党所属国会議員が「石破茂」を選んだ根底は根深い。

次章では小泉進次郎現象の深層を明らかにしながら、石破茂逆大総裁誕生までを分析していこう。

# 第4章

# なぜ逆大総裁・石破茂が誕生したのか

## 小泉進次郎現象は戦後日本の病理

前章では総裁選出馬に際して、進次郎氏の公約を整理したが、極左的政策と極右的政策の2つが混在していることがわかるだろう。繰り返すが、本人が生まれてから、この日に至るまで考えたことさえない政策であることを私は疑っていない。そう確信しているのは、前科があるからだ。

２０２１年4月、政府は２０３０年度の温室効果ガス排出を46％削減という目標を定めた。産業界にとっては「死刑宣告」に等しい、およそ実現不可能な目標だ。当時、環境大臣だった進次郎氏は、その根拠を、

「おぼろげながら浮かんできた」

とした。本人は発言が「切り取られている部分も相当ある」と反論したが、「46」という数字の出所が地元・横須賀市の市外局番「０４６」だったというのが永田町の定説だった。このように一人にするとロクなことをしないのだが、介護者次第でも惨事を招く。小泉進次郎氏が環境大臣時代に「アンチビニール」や「ペット販売規制」に向かった背景に

も、「介護者」の存在があったからだ。

この「意識高い系政策」立案の中核にいたのが妻の滝川クリステル氏である。それまで小泉進次郎氏を介護してくれていたのは小泉純一郎の姉にして小泉家のゴッドマザーと呼ばれた信子氏だった。初当選以来、政策についての質問から逃げまくりながら、なんとか保守的姿勢を演じられていたのも介護士・信子さんによる教育、指導が大きい。その信子氏を陣営から追い出したのが滝川クリステル氏である。

安倍喪失後の自民党にとって遥かに深刻な病理は「小泉進次郎現象」だと私は考えている。「軽薄な破壊者＋バカを騙す選挙」は政治家が使う常套手段だが、「進次郎層」を騙すためには一定程度の知能がなければならない。ところが今回の進次郎現象は「進次郎層より低位の進次郎氏」が「進次郎層」を騙すという異次元の構図だ。

もっと異様なのは、諸手を挙げて進次郎氏に賛同する現職国会議員が大量にいる事実だ。自民の抱えた病理の深刻さを示していると私は思う。「進次郎現象」は政界という枠組みに留まらず、もっと大きな日本社会全体の問題として捉えるべきだというのが私の主張だ。

## 日本人を「バカ」にする必要性

日本では戦後、「軽薄な破壊者」を量産させる状況が醸成されていたというのが私の見解だ。歴史、文化、伝統、習慣などを「負の価値観」として育てられてきた結果、指標を失い「自己」そのものを喪失した人たちが大勢を占めるようになったことが土台になっている。

令和時代の「軽薄な破壊者」を見抜く簡単な方法が「ヤバい」あるいは「エモい」という表現だ。歴史、文化、伝統、習慣という価値の基準点を喪失しているがゆえに、最後に残された基準が自己の感情が「動いたこと」になった。その感情の動きに対する言葉も喪失しているので名画を鑑賞しても「ヤバい」、スタバの新作を口にしても「ヤバい」ということになる。

政治においては政策ではなく「ヒト」に対して一票を投じるタイプがそれだ。

もちろん「軽薄な破壊者」は、それ自体を冷笑する層にも存在する。わざわざスタバでＰＣを広げて、読みもしない分厚い本を机に置いて仕事ができている自己を演出する「意識高い系」がそれだ。

こうした人たちは地政学的な必然性から大量生産された完成形だと私は考えている。戦後に遡って導き出して行こう。

今日、一部の保守層は占領軍が被占領民である日本人に対してＷＧＩＰ（「War Guilt Information Program」の略で「ウォー・ギルト・インフォメーション・プログラム」）を施したと主張している。直訳すると「戦争罪悪感情報プログラム」すなわち戦争に対する罪の意識を植え付ける洗脳プログラムということになる。この真偽については今日でも定まっていない。「あるにはあったが、マニュアル化され、制度化されるほど大規模なものではなかった」というところに落ち着いている。だが地政学的に考えれば戦勝国には日本人を「バカ」にする必要性があったとしか私には思えない。

極東に位置する日本はユーラシア大陸側の国にとって太平洋進出への要衝で、太平洋側の国にとってはユーラシア進出への要衝である。価値観の違う３つの核保有国中国、北朝鮮、ロシアに囲まれているのは地政学上逃れられない理由による。終戦直後に中国・北朝鮮は脅威にはなっておらず、日本への地政学的脅威ベクトルは圧倒的にアメリカ・ソ連によるものだった。

## 米ソが結託して日本人をバカにした

両国にとって日本がエルドラドに見えたことは間違いない。というのは地政学的に要衝としての価値がある土地の上に、「日本人」が住んでいたからだ。ほぼ全国民が高いレベルの教育を受け、道徳が行き渡っていることで社会的秩序が維持され、文句も言わず黙々と低賃金で働く――まさにブルーオーシャンの新・奴隷市場である。

資源もエネルギーもない国が列強を相手に戦えた土台こそ「日本人」の国民性だ。戦勝国がやがて訪れる講和条約締結後の日本人の自立を恐れるのは当然のことである。日本人は自立的に考えることなく、戦勝国の言うまま首を縦にふり、ただひたすらに戦勝国のために勤勉であればよい――これが米ソの望んだ戦後の日本人像だ。

ＷＧＩＰの真偽はともかく、占領軍が日本人を「バカ」にしようとしたことは疑いようがない。その象徴的な施策が学制改革だ。旧制から新制の「６３３４制」に変更し、一つ上の教育への選抜制度を大幅に緩めることで、高等教育のレベルを大きく下げることに成功した。旧制の中学は新生の高校、旧制の高校が新制の大学になったとされている（図表

## 図表4-1 新旧学制比較

| 標準的な年齢 | 旧学制（1945年当時） | | 新学制 | | | |
|---|---|---|---|---|---|---|
| 6-7歳 | 国民学校初等科1年 | 義務教育6～8年 | 小学校1年 | 6 | 初等教育 | 義務教育9年 |
| 7-8歳 | 国民学校初等科2年 | | 小学校2年 | | | |
| 8-9歳 | 国民学校初等科3年 | | 小学校3年 | | | |
| 9-10歳 | 国民学校初等科4年 | | 小学校4年 | | | |
| 10-11歳 | 国民学校初等科5年 | | 小学校5年 | | | |
| 11-12歳 | 国民学校初等科6年 | | 小学校6年 | | | |
| 12-13歳 | 国民学校高等科1年<br>青年学校普通科1年<br>中等学校1年<br>高等学校尋常科1年 | | 中学校1年 | 3 | 前期中等教育 | |
| 13-14歳 | 国民学校高等科2年<br>青年学校普通科2年<br>中等学校2年<br>高等学校尋常科2年 | | 中学校2年 | | | |
| 14-15歳 | 中等学校3年<br>高等学校尋常科3年<br>師範学校予科1年 | | 中学校3年 | | | |
| 15-16歳 | 中等学校4年<br>高等学校尋常科4年<br>師範学校予科2年 | | 高等学校1年<br>高等専門学校1年 | 3 | 後期中等教育 | |
| 16-17歳 | 中等学校5年<br>高等学校高等科1年<br>大学予科1年<br>師範学校予科3年 | | 高等学校2年<br>高等専門学校2年 | | | |
| 17-18歳 | 高等学校高等科2年<br>大学予科2年<br>専門学校1年<br>師範学校本科1年<br>高等師範学校1年 | | 高等学校3年<br>高等専門学校3年 | | | |
| 18-19歳 | 高等学校高等科3年<br>大学予科3年<br>専門学校2年<br>師範学校本科2年<br>高等師範学校2年 | | 大学1年<br>短期大学1年<br>高等専門学校4年 | 4 | 高等教育 | |
| 19-20歳 | 大学1年<br>専門学校3年<br>師範学校本科3年<br>高等師範学校3年 | | 大学2年<br>短期大学2年<br>高等専門学校5年 | | | |
| 20-21歳 | 大学2年<br>専門学校（医専など）4<br>高等師範学校4年 | | 大学3年 | | | |
| 21-22歳 | 大学3年 | | 大学4年 | | | |

4－1「新旧学制比較」参照）。新制になったことで日本人に対する教育レベルは一段下がったことになる。

アメリカが制度改革で日本人をバカにしようとする一方で、教育の現場で大きく寄与したのがもう一つの戦勝国ソ連だ。日本共産党を中心に教員を掌握。「世界中の人は平等」や、「武器を放棄することが平和の実現である」などの「嘘」をせっせと刷り込み、日本人から理不尽なことに抵抗する能力を奪っていった。

長く日教組が支配した戦後民主主義教育とは、いわば前述した「DEI」教育である。「DEI」は義務教育を通じて日本人全体にすり込まれていった。制度面ではアメリカが、実務面ではソ連が、相互に意図せず競合した教育プログラムが日本人を劣化させていったと私は考えている。

それでも歴史、文化、伝統、慣習をきちんと学ぶとたどり着くのが、「日本人は戦後民主主義教育を通じてバカにさせられているのではないか」という正論だ。ところがこんなことを公言すると、左翼が支配するメディアが集中砲火を浴びせ意見を潰した。こうして日々、程度の低い人たちが大量生産され世の中に普及していったのである。この生産システムは「ゆとり教育」など多くの教育改革を経て磨かれていった。

## 「軽薄な破壊者を低位のバカが騙す」異次元の構図

この流れを決定的にしたのがSNSであることは前述した。そして、この「軽薄な破壊者」層に対するアンチテーゼが保守である。インターネットの発達、普及によって歴史、文化、伝統、習慣を「正の価値」と認識することで、自立性を取り戻した人たちだ。

日本の歴史、文化、伝統、習慣のアーカイブ総体である「天皇制」は価値観の中核だ。「軽薄な破壊者」にならず自立した日本人であるために必要不可欠な存在なのだから、保守層が尊重し、天皇制を堅持しようとするのは当然である。

そこで改めて小泉進次郎現象に回帰していこう。

小泉進次郎現象の異質性は「知恵ある人がバカを騙す」のではなく、「より低位のバカがバカを騙す」という点だ。繰り返すが小泉氏が総裁選で掲げた政策のほぼすべてを小泉氏本人は生まれてここまで学んだことも、考えたこともないと私は確信している。もし少しでも考えてきた、あるいは学んだのであれば、討論番組での答えがもう少しまともなハズだ。

もちろん要介護者は日々懸命に、進次郎氏にレクチャーしているはずだが、まったく向上しない。この短期間で学ぶ気がないのか、そもそも能力がないのかは不明だが、導き出されるのは「総理になっても小泉進次郎氏が学ぶことはない」という事実だ。議論で無知、無能がバレるのを嫌がった小泉氏はこう繰り返す。

「圧倒的なスピードで日本の政治を変えたい」

変えた未来を彼がイメージしていないことは自明の理だ。

戦後民主主義教育の完成体である「軽薄な破壊者」より遥かに低位の「永田町要介護4」が「バカ」を騙す――これが2024年自民総裁選における小泉進次郎現象の正体だ。最も恐ろしいのは、このことを多くの自民党現職国会議員が「賛同」している点だ。総裁選における国会議員票を最も持っているのは小泉進次郎氏であることが、その根拠である。

就任すれば亡国の未来が待っている総理候補に、国会議員が喜々として1票投じようとしているのが、国政政党を自称する自民党の劣化の証といえるだろう。

導き出せるのは現在の自民は「半分」しか勝てない政党であるということだ。小泉氏、石破氏が勝利したとすれば「軽薄な破壊者」を騙す代わりに、半分の「合理的現実主義者」が離反。高市氏が勝利しても「合理的現実主義者」を得る代わりに、「軽薄な破壊者」が抜けることになるからだ。

このことが現実となったのが2024年10月27日の衆院選だ。ただし石破茂氏を「顔」として戦った選挙は自民に惨敗をもたらした。小泉進次郎氏なら半分で勝てる選挙を、石破茂氏を選んだことで1／4しか勝てなかったからだ。そこで総裁選から石破茂氏へと分析を進めて行きたい。

## 「どんな手を使っても高市を落とします」

2024年自民総裁選の仕組みについては前掲したが候補者の乱立によって情勢は複雑化した（図表4-2「2024年総裁選をめぐる情勢」参照）。決選投票は間違いない状況となったが、失笑モノなのが「派閥解体」を主導した岸田文雄総理、そして派閥を否定した改革を公約に掲げる小泉進次郎氏、石破茂氏である。岸田派はしっかり生きていて林芳正氏は岸田派の主流派を背景に票を固めた。だが林氏は勝てないことがわかって、「公務」を理由に事実上の撤退を選ぶ。しかも決選投票では岸田氏の指令にしたがって「岸田派」の石破投票に動くことが報じられている。

また小泉・石破両氏は麻生氏を訪問。協力を要請した。

両氏が麻生氏に懇願した理由は、勝利の鍵になるのが党内唯一残った麻生派だからだ。党内野党だった石破氏はこれまで政権を後ろから撃ち続けてきた。麻生太郎氏が総理だった時の「麻生おろし」の張本人が石破氏である。こうした経緯から麻生派は常に「反石

**図表4-2 2024年総裁選をめぐる情勢**

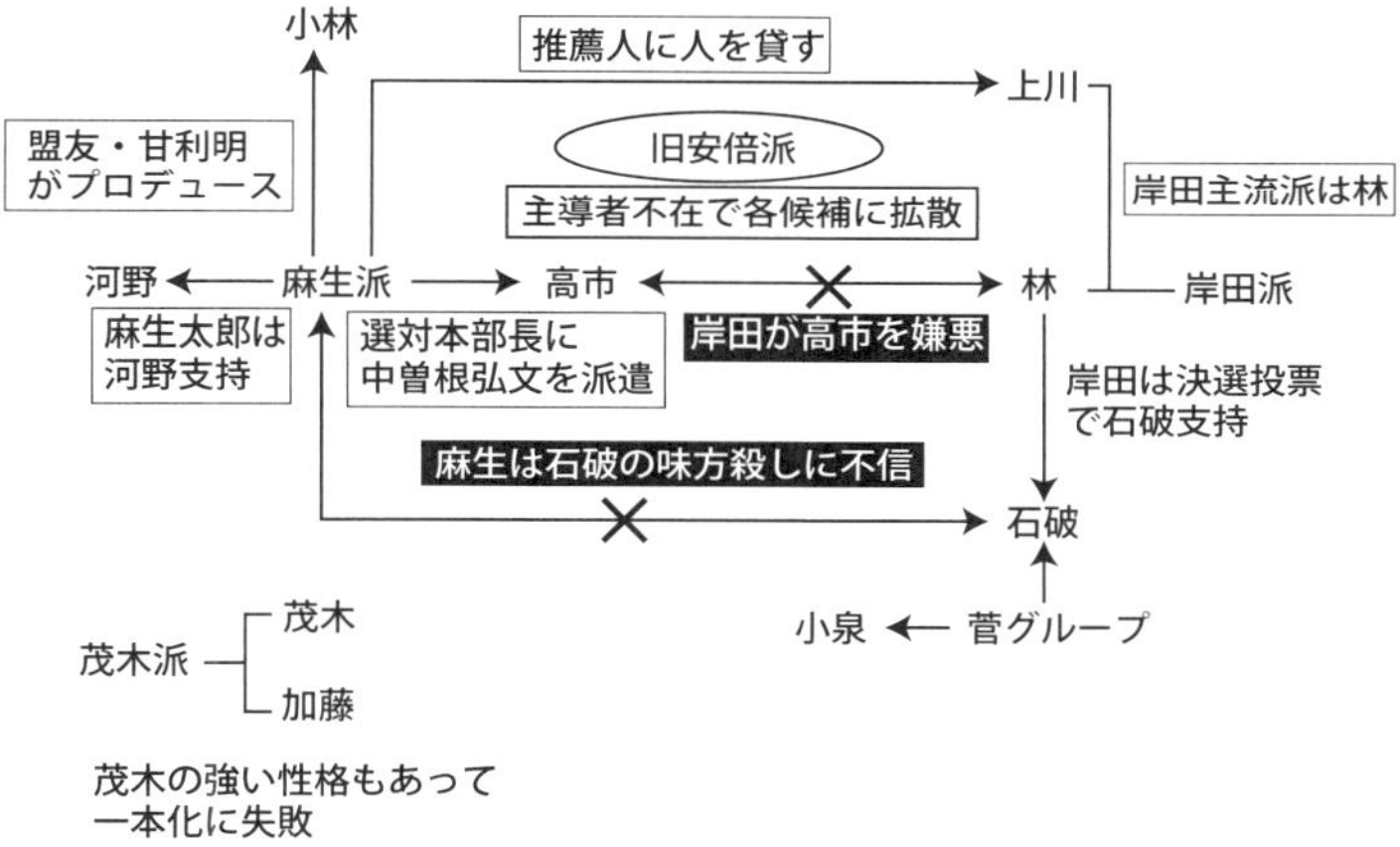


破」に票を投じることになった。

まさに派閥選挙そのものではないか。ただし裏金問題で粉砕状態の安倍派については模糊としていてフリーダムな動きになっていた。茂木俊充氏が高市氏と良好な関係とは言えず、加藤氏は政策的には高市氏と重なる部分があるとはいえ、やや蚊帳の外に置かれた茂木派は意思表示を明確にしない議員も多く、決選でどこに向かうのかは不透明だ。

出馬会見を介護者が用意したペーパーの読み上げで乗り切った小泉氏だが、その後、討論では「要介護4」が露呈し失速。その状況で積み上げに成功したのが高市氏である。そのことは、どの報道機関の調査でも一致している。一方、直前調査でまったく違う結果に

**図表4-3 決選投票の直前予測**

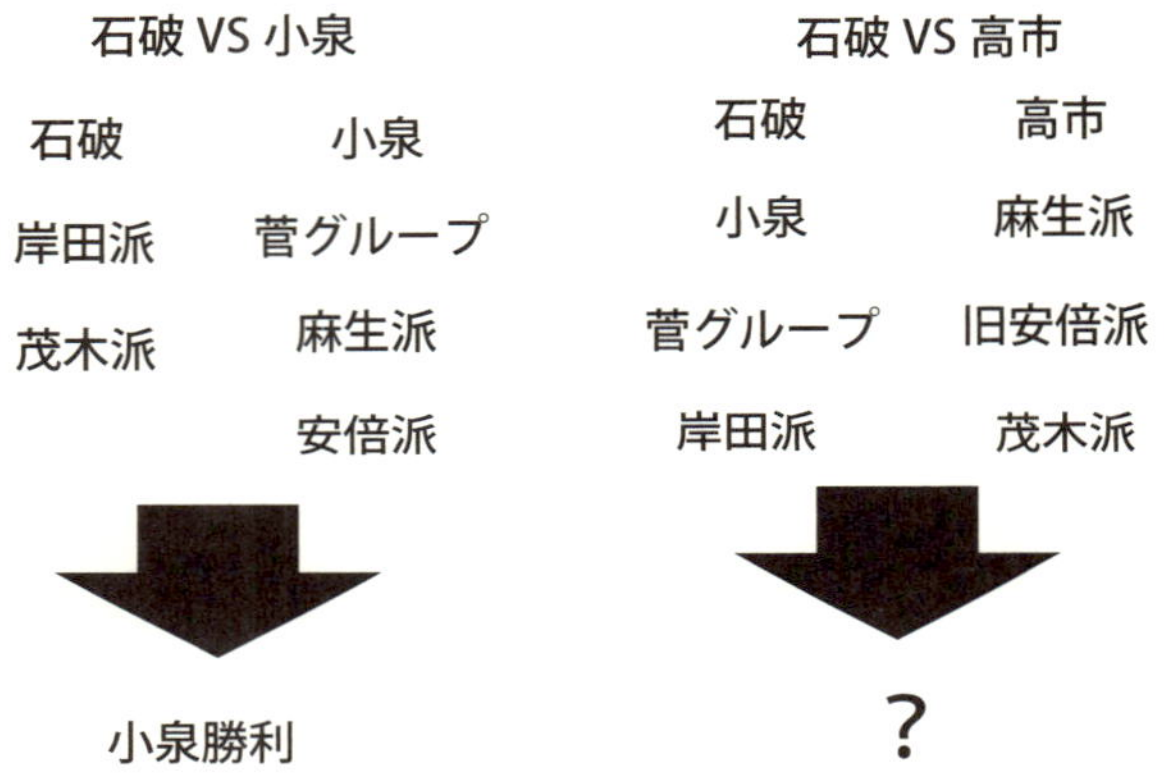


なったのが小泉氏の失速率と、高市氏の伸び率だ。投開票日前日までに、決勝は2つのパターンに絞られたというのが永田町全体の観測だった。いわく、

①石破VS小泉
②石破VS高市

だ。麻生派は第1回投票では高市氏に投じることが明らかになっていた。パターン①なら麻生派も小泉氏に動くということで「進次郎政権」誕生となる。②の場合は極めて不透明となっていて予測困難だった（図表4-3「決選投票の直前予測」参照）。ところが、2024年9月26日、総裁選を翌日に控えた会合でのこと。岸田派若手議員は私にこう告げた。

「決選が高市と石破になったら、どんな手を使っても高市を落とします」

総裁選の結果は、この人物の発言通りとなったのである。

## 「嘘」と「裏切り」で新総裁が誕生

同年9月27日、自民党本部で総裁選の投票が行われた。その結果は図表4-4「2024年　自民総裁選　第1回投票結果」にまとめたが、事前予測されたパターン②の石破茂氏、高市早苗氏の決選投票となったのである。

決選投票直前には両氏に最後の演説の機会が与えられた。だが、その時の石破茂氏の言葉は、私の目に異様に映った。冒頭で聞いている方が恥ずかしくなるほどの岸田氏を持ち上げ、

「総理総裁、誠にありがとうございました」

と結んだ。異常なのは以下の言葉である。

「私は至らぬものであります。議員生活38年になります。多くの足らざるところがあり、多くの方々の気持ちを傷つけたり、いろんな嫌な思いをされたりされた方が多かったかと

図表4-4　2024年 自民総裁選 第1回投票結果

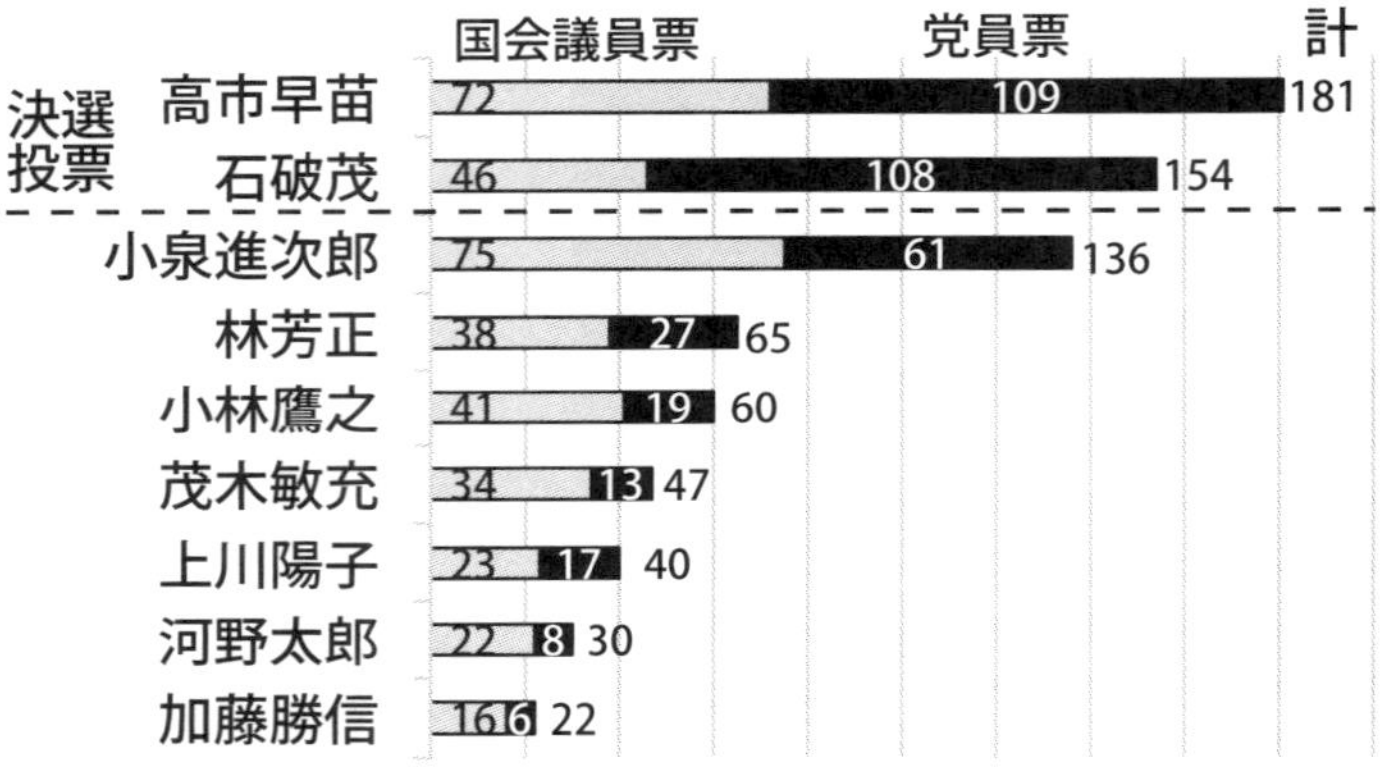


図表4-5 2024年 自民総裁選 決選投票結果

思います。自らの至らん点を心からお詫びを申し上げます」

石破茂氏の政治家人生を貫くテーマは「裏切り」だ。このネガティブな事実を、なぜ決選投票前に言うのかが私には不可解だった。もっと不可解なのは、その言葉を深く頷きながら耳を傾けている岸田氏の姿だ。

石破氏は第1回投票で高市早苗氏に27票も差をつけられた。人望が薄いことから当初予測通りに国会議員票はもちろん、頼みにしていた全国党員票でも高市氏に負けている。第三者的には石破氏の演説は「敗北」を認めた「特攻」としか思えない。そのことと岸田氏の微笑みに整合性が付かなかったのである。

しかし私は投開票の結果を見て「笑み」の理由を理解することになる（図表4-5「2024年　自民総裁選　決選投票結果」参照）。発表の瞬間、会場がどよめいたということは、「予想外」のことが起こったということだ。石破氏の最後の演説は自民党に対して「謝罪」「反省」を述べたのではない。自らの裏切りの半生を認めることで、岸田氏に向けて、

「私はあなたを裏切らない」

と最後の約束を公衆の面前で行ったということだ。そのことを受けて岸田氏は石破氏であれば自身の権力が盤石のまま維持できることを知った。石破総裁誕生のために使った手

**図表4-6 決選投票の投票先**

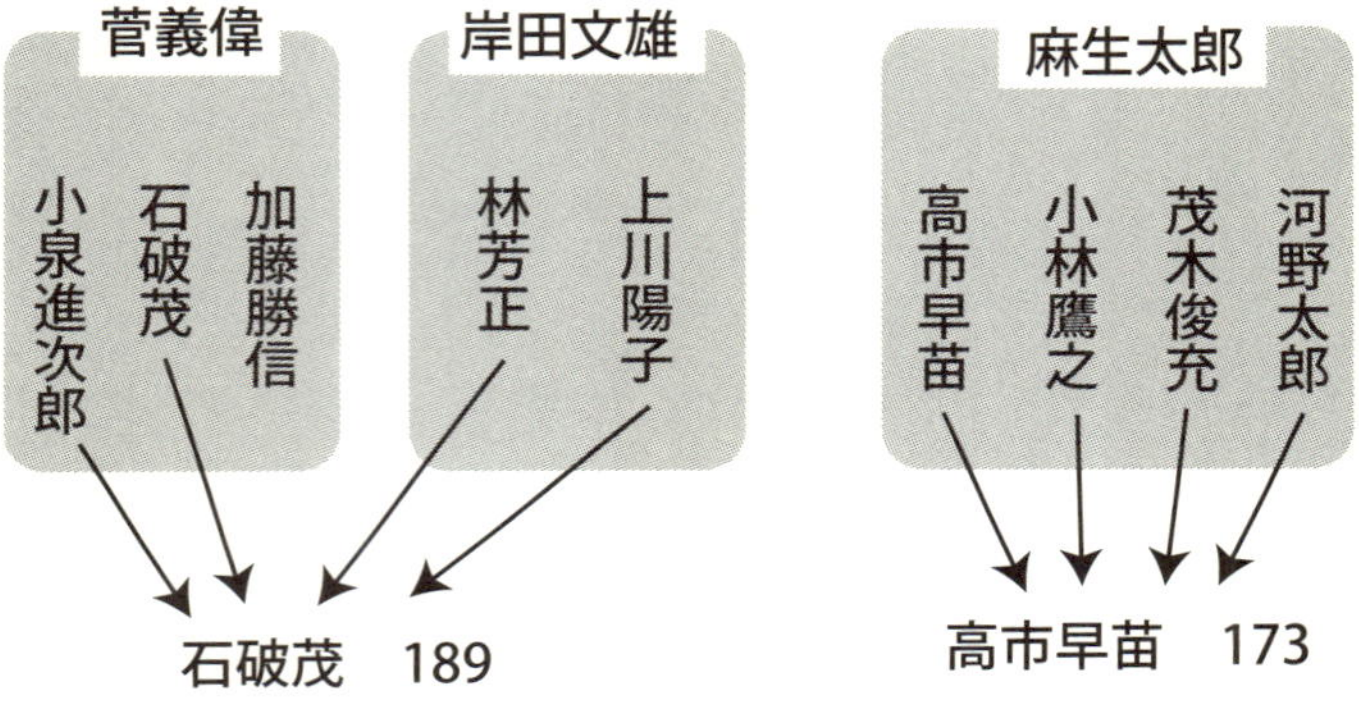


駒が「岸田派」である。岸田派からは後継と目される林芳正氏が立候補を表明。従来の派閥選挙では同じ派閥から候補者が出ないように調整をしていたが、今回は建前では「派閥なし」で行われる。

そこで上川氏は岸田派に「反旗」を翻して立候補表明したと目されていた。

ところが上川氏は、推薦人が揃わなかった。そこで麻生派が推薦人を貸す形で、ようやく立候補することができたのである。麻生派としては人を貸した「貸し」を、決選投票で返してもらう計算だった。こうした経緯から上川氏は決選では、麻生派に協力するという見方が大勢だった。だがほとんどの人は岸田・上川両氏の陰湿な「嘘」に騙されていたのである（図表4－6「決選投票の投票先」）。

裏金問題から「派閥解体」を自ら明言した岸田氏だが、総裁選においては「岸田派」をフル活用した。第1回目の投票から派閥で票を拘束。高市氏への女性票を切り崩し、票固め要員として活用したのが「上川陽子」である。その上川氏は人を貸してもらって立候補しながら、平然と麻生派を裏切り、石破氏に投票した。

派閥解体を公言した張本人が、有権者に対して平然と「嘘」をついたということだ。そこに加担したのが、推薦人を借りながら平然と麻生太郎氏を裏切った上川陽子氏だ。「裏切りの政治人生」を送った石破茂氏が、岸田・上川の卑怯な「裏切り」と「嘘」によって新総裁の座を勝ち取ったということである。

## 石破茂「裏切り」の政治人生

石破氏の裏切りは政界デビューから始まる。

石破茂氏は石破二朗の長男として生まれた。石破二朗は内務省、建設省の官僚出身の政治家で、自民党に所属し鳥取県知事から参院に出馬し当選。鈴木善幸内閣では自治大臣を務めた。慶応大学卒業後、父の働きかけが大きく寄与して三井銀行に就職する。石破氏の政界デビューのきっかけになったのは１９８１年の父・二朗の逝去だ。二朗の友人だった田中角栄が死後、石破氏に、

「おまえが出ろ」

と告げる。１９８３年に石破氏は務めていた銀行を辞め田中角栄が領袖の木曜クラブ（田中派）事務局に勤務しながら政治を学ぶ。初出馬は１９８６年の第38回衆議院議員総選挙で、自民党公認で鳥取県全県区（定数４）で立候補した。

鳥取県全県区からは田中派が選出されていたが、１９８４年4月に死去した島田安夫の旧後援会からの要請で出馬を決意。中曽根派幹部、渡辺美智雄から後援を受けていた関係から中曽根派から立候補し当選を果たす。第3章に前掲した「自由民主党派閥系譜」から考えれば田中派と中曽根派はまったく逆の系譜だ。田中角栄から声をかけられて政治を学んだのにもかかわらず、しっかり角栄を裏切って中曽根派から出馬し当選したということになる。

自民党を最初に裏切ったのは、佐川急便事件における宮沢総理への不信任案に「賛成」を投じ後ろ撃ちしたことから始まる。この時、羽田孜、小沢一郎氏らが自民党を離党。新

進党を結成した。「賛成」を投じながら自民に残留した石破氏だが、非自民の細川連立政権が成立するや、「本来の保守は新生党になったんだ」と強弁して離党届を提出。

こうして自民党を裏切った。

## 麻生を裏切り、安倍を裏切り

小沢一郎氏を「真の改革者」と賞賛して新党結成に参加したものの、党首に選ばれたのは小沢氏だった。「集団的自衛権は行使しない」「消費税はこれ以上上げない」等といった政策に反対して、総選挙前に離党。小沢一郎を裏切った。

地元鳥取で連戦連勝を続け1997年に、橋本自民にちゃっかり復党。裏切り者の石破氏に救いの手を差し伸べたのは伊吹文明氏だった。伊吹派入りした石破氏だが、森政権で入閣するや、派閥を批判して伊吹派を離脱。伊吹文明氏を裏切った。小泉政権下では防衛庁長官に就任。2003年の自衛隊イラク派遣時に防衛庁を取り囲む反対派に気を遣って、決死の覚悟で出発しようとする派遣隊を裏口から出そうとして、自衛隊を裏切った。

2008年、麻生内閣で農林水産大臣に任命されるものの、自民への逆風が吹く総選挙が近づくと、閣内にありながら麻生おろしに加担し、退陣要求を行い麻生太郎氏を裏切った。

民主党からの政権奪還を目指した自民党総裁選では安倍晋三元総理と争い、敗れて幹事長に就任。ところが地方選挙で連戦連敗となり、安倍晋三氏の期待を裏切った。安保関連法担当大臣就任を要請されるも、屁理屈を付けて固辞。ラジオ番組で内閣改造後も引き続き幹事長職に留まりたい意向を表明するという前代未聞の暴挙に出て、安倍元総理を裏切った。猛批判を浴びた末、地方創生大臣を受けるが、立場を利用して地方を行脚。「反安倍勢力」を地方に構築することに成功。常に「次の総理」の首位になるのはこのためで、安倍元総理を裏切っている。

これまで派閥政治を否定し続けていたが、ちゃっかり石破派である水月会を結成。自身の政治信条を裏切った。森友問題や加計学園問題のいわゆる「モリ・カケ」で連日のように新聞、テレビに出演。安倍政権と自民党を背後から撃ちまくり「安倍おろし」を単独展開し、安倍元総理を裏切った。２０２１年総裁選では河野太郎氏の支持を表明し小泉進次郎氏と「小石河」を結成。安倍・麻生両氏に返り討ちに遭い岸田氏に惨敗を喫する。

２０２４年総裁選では派閥を否定しながら、派閥のパワーをフル活用して勝利。有権者と政治信条を裏切った。

## 裏切りと嘘による成功は一過性

整理すれば石破氏の政治テーマは安全保障でもなんでもなく「裏切り」の一言に尽きる。その陰湿な性格を見抜いた人たちは石破氏のことを軽蔑。ＳＮＳで「茂」を略した「ゲル」と略称する。

弱肉強食の地下社会では「裏切り」と「嘘」は日常に溢れている。ただし「裏切り」「嘘」を武器にしている人間がトップに留まり続けることはない。「嘘」や「裏切り」がもたらす成功は一過性だからだ。

社会の裏側であれ、表側であれ、人間関係の土台になるのは「信頼」である。裏切りの半生を送った人間が、嘘と裏切りによって得た総裁の座が長く持つとは私には考えられない。

自民を支持してきた岩盤保守層は、今回の「裏切り」と「嘘」に憤怒しているはずだ。それがまともな人間が持つ当たり前の感情だと私は思う。衆院選における石破自民の歴史的大敗は、すでに確定していたということだ。

石破茂氏の異常性は、自分自身さえも平然と裏切ることだ。無派閥の石破氏は党内基盤が脆弱なばかりか岸田派に大きな恩がある。安倍政権時代の「官邸」を中心とした意思決定構造は構築できない。党の主流派に政策決定の主導権が移った構造だ。そこで問題になるのがこれまで主張してきた石破氏の政策、「ゲル・ドクトリン」だ。まとめれば以下のようなものになる。

①女性天皇&女系天皇容認
②緊縮財政&増税路線
③選択的夫婦別姓賛成
④原発ゼロを目指す
⑤外国人受け入れを進める

ところが石破氏は総裁選出馬から投票に至るまでの短期間で、ここまで38年の議員生活で積み上げてきた「ゲル・ドクトリン」の大部分をあっさり放棄した。緊縮財政派だったはずなのに積極的財政出動派に。原発ゼロ推進論者だったのに、いつのまにか原発賛成派になっていたのだ。

総裁選では「ネオ・ゲル・ドクトリン」が読み上げられた。

この変わり身の早さも異常だが、所信表明演説にあたっては「ネオ・ゲル・ドクトリン」さえもあっさり放棄した。総裁選に向けてアジア版NATO創設と、核共有議論の開始なども訴えていたが、それもなかったことにしている。どれほど多くの政策を放棄したかは、図表4-7「『不信』しか産まない所信表明演説」を見れば明らかだ。

**図表4-7 「不信」しか産まない所信表明演説**

| ネオ・ゲルドクトリン | | 所信表明 |
|---|---|---|
| 外交・安全保障 | アジア版NATO創設 | 言及せず |
| | 日米地位協定改定 | |
| | 東京・平壌に拉致問題解決の連絡事務所開設 | |
| 党内改革 | 説明できない不記載額納税 | |
| | 政治資金をチェックする第三者機関設置 | |
| | 旧文通費の公開基準策定 | |
| 経済 | コストカット型経済の転換 | 言及 |
| | 安全な原発の活用 | |
| | 最低賃金を2020年代に全国平均1500円に | |
| その他 | 防災庁設置 | |
| | 大規模な地方創生策を講じる | |

「党内批判者である立場では言いたい放題だったのに、党首になったらそれを引っ込める」と政界内外から失望されるのはこのためだ。SNSなど見もしない地方の老人たちを中心とした「ゲル軍団」は、そんなことは知るよしもない。もちろん石破氏は、こうし

た地方の情弱老人たち用のエサとして「地方創生」だけはしっかり言及することを忘れない。

浮かび上がるのは石破氏、あるいは岸田氏の権力に対する病的妄執である。勝利のためなら朝令暮改も平然と行うということは、勝ってしまえば公約を簡単に破るということだ。繰り返すが「裏切り」と「嘘」は簡単には治らない病気だ。安倍政治を裏切った岸田支配下の自民と、政治家人生の大半を「裏切り」で過ごしてきた石破氏を信用してはならない。

## 裏切り者に集う「超ポンコツ閣僚」

「裏切り」による権力掌握が一過性になる大きな理由の一つが、人事だ。権力は独りでは構築できない。優秀な人は裏切り者が、身内を簡単に裏切ることを知っているから、「人事」というエサには飛びつかない。

結果、無能なポンコツが権力中枢に集まることになる。逆説的に言えば有能か無能か、あるいは健全な思考を持つ人か、嘘と裏切りが平気な人間かを分ける分水嶺となっている。

石破内閣は、こうした「裏切り」「嘘」の構図を見事に再現している。その筆頭とも言えるのが総務大臣に就任した村上誠一郎氏だ。２０２２年9月20日、村上氏は安倍元総理の国葬儀への反対と欠席を表明。安倍元総理について、

「財政、金融、外交をぼろぼろにし、官僚機構まで壊した。国賊だ」

と発言した。ところが、その能力はポンコツそのものだ。

石破総裁誕生によって金融市場で発生した「石破ショック」から株の乱高下、円安が発生した。金融所得課税をぶちあげた石破氏に失望して株価が急落。円ドル相場は日米両国の通貨量によって決まる。石破氏は元々、利上げ派、すなわち円の量を減らす派だったことから就任直後に円高に傾いた。ところが就任後、低金利持続を明言したことから一気に円安に傾いただけのことである。

ところがこの現象について、村上氏は、

「アベノミクスの負の遺産」

としている。村上氏の金融知識が無知に近いレベルであることがわかるだろう。現在、総務省は防衛省と電波を巡って激しい攻防を繰り返している。また、あまりにも多くの電

波を専有しているNHKの問題もある最前線の機関だ。

その重要省庁にポンコツを就任させるのが、石破茂総理の運営術である。

## 中国・韓国が石破政権を歓迎する理由

一般有権者には「新国防族」を自称する石破茂氏を「安全保障通」と勘違いしている人も多いかもしれない。政界内、防衛官僚、自衛隊制服組の間では石破氏が「エセ」であることは周知の事実となっている。外交と安全保障はセットで行うのが常識だが、石破氏にはその基本が理解できていないようだ。その事実を示すのが、外務大臣の岩屋毅氏登用である。

岩屋氏といえば2018年に防衛大臣を務めていたが、当時、反日を前面に押し出した文在寅政権は徴用工問題、慰安婦問題を恒久的に解決する日韓合意の破棄に動いた。相次ぐ異様な行動の中で文在寅政権が起こしたのが、自衛隊機に対するレーダー照射事件である。

2018年12月20日、日本のEEZ（排他的経済水域）で、韓国海軍の駆逐艦「広開土大王」が、あろうことか海上自衛隊の最新鋭対潜哨戒機「P－1」に対して火器管制レーダーを照射した。これは攻撃準備行動ともいえる危険な行為だ。ところが韓国側は、責任を自衛隊側になすりつけようとしたのである。

本来なら反撃しても正当防衛が成立する事件だが、岩屋氏は抗議どころか、「日韓の防衛協力を未来志向で進めるよう真摯に努力したい」とし、今後の日韓防衛相会談などではレーダー照射問題を提起しないと土下座姿勢を示した。この自衛隊員の命を軽視する政治姿勢の背景にあるのが、北朝鮮に融和的な政策を推進する日朝国交正常化推進議員連盟だ。あの悪夢の民主党政権の主犯の一人である菅直人氏、「パチンコ利権」で有名な平沢勝栄氏も名前を連ねる、非常にわかりやすい超党派議連だ。

そもそもゲル・ドクトリンにあった拉致問題解決の連絡事務所開設は、拉致被害者家族から猛烈な反発を受けている当事者不在の政策である。こうした無法を平然と実行するのは岩屋氏、石破氏、そして防衛大臣に就任した中谷元氏が、日本のアジア外交失敗の元凶と表される田中均氏を導師と仰いで、日朝議連のブレーンにしているからという声を頻繁に耳にする。

また閣僚では2024年10月5日に『デイリーWiLL』が『【衝撃スクープ】石破茂内閣「国家公安委員長」坂井学の政策秘書が「帰化中国人」……』と題した動画を配信している。

石破茂政権発足を中・韓が喜ぶのは当然ということだ。

## 誕生直後から党内崩壊

石破氏本人、岩屋氏共に対米パイプをほぼ持っていないポンコツだ。このままでは日米外交が空転し、韓国・北朝鮮・中国との外交が進展してしまう可能性が高い。これが自称・安全保障通の外交・安全保障政策である。

すでに発足当日には週刊文春デジタルが『平将明デジタル相（57）が〝11億円詐取企業〟から288万円の献金を受けていた《社長は今年6月に逮捕》』と題した記事を配信した。平氏は自民総裁選における石破氏の推薦人の一人である。カネと政治の関係を清算するはずが、身内が黒いカネを頂戴していたことが明らかになったのだ。党内野党時代の石破氏であればテレビに出まくって「説明責任」を繰り返したところだが、平氏は返金だけで問題をなかったことにしている。

これも有権者に対する数多くの裏切りの一つだ。

説明責任と言えばもう一人逃げ切っているのが第一次石破政権時に農水大臣に就任した小里泰弘氏である。

2019年12月発売の週刊新潮で、会員制ラウンジで知り合った女子大生と愛人契約を結び、手切れ金300万円を請求されたことが報じられた。当時、小里氏は「わからない」と声明から逃げたが、就任時に当たって改めてこの問題を問われても説明することはなかった。パパ活を報じられ、「記憶にございます」として潔く国会を去った宮澤博行氏の爪の垢を煎じて飲むべきではないか。

こうして整理すれば石破内閣は嘘と裏切りを繰り返すポンコツ閣僚の集まりであることがわかるだろう。

総裁選後、自身を支持した麻生太郎氏は、挨拶に訪れた高市早苗氏に、

「自民党の歴史の中で3年以上総理を務めた例は7人しかいねえ。俺も菅も1年で終わった。石破はもっと短いかもしれねえ。だから高市、用意しとけ。議員は仲間作りが大事だから、これから半年くらい飲み会に行け」

と言ったことが報じられている。こうした発言が表に出ること自体でわかるのは、石破自民は発足直後からすでに内部崩壊していたという事実だ。

## 歴史に残る大敗北の敗因は「石破茂」

内部崩壊したまま迎えた2024年10月27日投開票の衆院選で自民は公示前の247議席から、実に56もの議席を減らして191議席と歴史的大惨敗した。連立を組む公明党は、32議席から8議席減らして24議席で、2024年9月28日に党代表に就任したばかりの石井啓一氏が落選する。カリスマ、池田大作氏が2023年11月15日に逝去して以降、公明党の組織動員力は弱体化していることは事実だ。また中国の脅威を深刻に考える若年層では、これまでの媚中路線より現実的安全保障路線を求める人も増えている。

こうした状況を踏まえても代表の落選は、2009年以来の珍事だ。山口那津男前代表の地盤を受け継いで敗北した新代表の石井氏は2024年10月31日に辞任を表明した。

恐るべきは石破茂氏の「逆神力」である。

その「逆神力」は野党に機能した。同じ保守路線を掲げる国民民主党が4倍増の28議席に積み増す。自民は比較第一党ではあるものの、どの政党も過半数を取れなかった結果に、国民民主はキャスティングボートを握ることになったのである。我らが日本保守党は３議席を獲得し、一気に国政政党となった。地盤を持っているのは河村たかし共同代表だけで、実績ゼロということで看板もなく、資金は持ち出しという状況を考えれば大躍進である。

ところが石破氏は２０２４年10月28日午後記者会見で、敗戦の理由を「党の改革姿勢に対する国民の厳しい叱責」とした上で「政治とカネについてはさらに抜本的な改革を行っていく」とした。この石破認識に私が思わず失笑したのは、敗因の根本原因をまったく理解していないからだ。「裏金問題」の中心だった安倍派、二階派に責任をなすりつけている姿は滑稽を通り越して醜悪そのものだった。

この歴史的惨敗の原因の本質を捉えていたのが、コバホークこと小林鷹之氏の勝利コメントだ。万歳する気になれないとしながら、

「超逆風の選挙。党執行部は責任を感じて欲しい」

としたからだ。言わんとしている敗因は「石破茂」である。そのことを検証して行きたい。

## 自ら争点化して自爆

そもそも2024年の衆院選挙は、ただ石破政権の信を問うための「争点不在」の選挙だったはずだ。総裁選を通じて石破氏は、国会論戦を経た上で、できるだけ早い時期に国民の審判を仰ぎたいと訴えていた。総裁選後の所信表明演説で、総裁選中に掲げた「ネオ・ゲル・ドクトリン」をあっさり撤回したばかりか、フタをあければ戦後最速の8日解散からの総選挙である。

総裁選前の声では「憲法改正」を争点にした衆院選になるはずだったが、ポンコツ幹事長、森山裕氏の甘言に乗っての電撃戦を仕掛けた。争点などあるはずもなく、ただ石破自民への信を問うだけの選挙だった。ところが「裏金問題」を争点化して安倍派潰しを画策したのが、他ならない石破体制である。その露骨な姿勢は図表4-8「裏金議員の公認・非公認状況」でも明らかだ。自民党に黄金期をもたらした「安倍晋三」への最後の裏切りで、それは岩盤保守層への裏切りである。

これこそが裏切りによって政治家人生を送ってきたゲルのイズムそのものだ。自民の歴

**図表4-8 裏金議員の公認・非公認状況**

重

| 処分内容 | 対象者 | |
|---|---|---|
| 党員資格停止 | 下村博文 | 非公認 |
| | 西村康稔 | |
| | 高木毅 | |
| 選挙の非公認 | | |
| 1年間<br>党の役職停止 | 萩生田光一 | |
| | 平沢勝栄 | |
| | 三ツ林裕巳 | |
| | 松野博一 | 未定<br>地元意向で公認判断<br>比例重複は認めない |
| | 武田良太 | |
| 6カ月 | 約40人 | |
| 戒告 | | |
| 処分なし | | |

軽

（敬称略・2024年10月10日現在）

史的惨敗は「自爆」である。ゆえに敗因は「石破茂」だ。

　自ら「裏金」を争点にして逆風を吹かせた上で、森山氏は「裏金非公認」が支部長を務める支部に、頼んでもいないのに勝手に２０００万円を送り付けた。この「ヤミ金モリヤマくん」による「２０００万円問題」は日本共産党の機関紙「赤旗」にすっぱ抜かれる。このことで「裏金」という逆風から、さらに苦境に立たされたのが安倍派の議員たちである。

　日本共産党へのリークも含めて、「石破イズム」が動いたことを勘ぐるのは私だけではないはずだ。

この結果、問題を起こした候補者46人のうち約6割に当たる28人が落選した。私が注目したのは萩生田光一氏と下村博文氏の差である。「裏金問題」で萩生田氏は5年で２７２８万円をプールした。この金額はいわゆる裏金ランキング上位である。党の指示で政倫審への出席を見送ったにもかかわらず、「出席せず」と問題視されて報じられた。まさに「裏金リンチ」状態で、非公認として衆院選に挑んだところに襲いかかってきたのが「ヤミ金モリヤマくん」だ。

落選確実の地合いにあって、萩生田氏は選挙戦を勝利した。

この勝因は立憲民主党が有田芳生氏を対抗馬にしたことだと私は見ている。虐殺による恐怖でソ連を支配したヨシフ・スターリンの「ヨシフ」の名を親から授けられた生粋の赤い老人を、健全な合理的思考を持った大多数の有権者、すなわち岩盤保守層が忌避した。蓮舫氏が都知事選に立候補を表明した瞬間、小池百合子氏が当確したのと同じ構造だ。

つまり敗北の要因は「裏金問題」が占めているわけではないということになる。現実的に安倍派5人衆では萩生田氏の他に西村康稔氏、世耕弘成氏、松野博一氏が勝利している。

同じ安倍派でも下村博文氏の敗北には同情が集められていない。権力に対する我欲だけが強く、弱い者にはとにかく上からのしかかるように無理難題を平然と押しつける。それでも永田町を遊泳できたのは、人のいい安倍元総理にコバンザメしてきたからだ。「安倍のお友達」以外の価値がなく、人望は皆無に等しい。

安倍元総理は岩盤保守層を貴重な支援者として尊重していたが、その戦略は没後も機能したということだ。このように整理すれば「岩盤保守層」こそが、自民の伝統的票田ということになる。

## 第二共産党に未来はない

前述の萩生田氏の勝利でも明らかなように、岩盤保守層が票田であることは揺るがない。その声を真摯に受け止めたからこそ、日本保守党は衆院選を大勝することができた。立憲に投票した人たちは、「軽薄な破壊者」だと私は考えている。「自民がダメだから、立憲」というシンプルな指向に従って立憲に投じたからだ。もちろん「なぜ自民がダメなのか」を答える能力はない。せいぜい「派閥＝悪」「裏金は汚い」という程度の認識だ。

そう考える根拠は状況分析の稚拙さにある。立憲にも派閥は存在するし、「裏金問題」と称されている事件の正体は政治資金報告書への不記載である。しかも東京地検特捜部が捜査を尽くした上で不起訴と判断された人たちだ。政治の構造も、「裏金問題」の経緯も理解できずに、鶏レベルの反射で立憲に投じたのだから、投票主は「軽薄な破壊者」という層である。その流れに何も考えないバカが追従した。この層は風が吹けばそちらを向く風見鶏ということで、逆風に簡単に方向を変える。

立憲を率いる野田氏は、勝利後「紙の保険証を使えるようにする」「夫婦別姓を突きつける」など、「悪夢の民主党」らしさを早くも発揮している。自衛官を父に持ち、憲法改正を公言している野田氏に期待したのは、保守的政策だ。安倍元総理が意図的に左側に政策のウイングを広げたように、野田氏は意図的に右の方向に政策のウイングを広げると予測していた。

ところがフタをあければ、ただの第二共産党党首である。またぞろ壊し屋、小沢一郎氏が腕まくりをして「野党共闘」を呼びかけているのだから、立憲に未来があるとは到底思えない。

このように整理していけば、敗北の最大要因は「裏金」ではない。最初に敗因が生まれたのは、天皇制崩壊のリスクさえ含む、岸田政権が成立させたＬＧＢＴ法だ。その上で、岩盤保守層を失望させたのが２０２４年の自民党総裁選の茶番だ。「高市早苗」という自民党の民意を、岸田文雄氏が卑怯な形で裏切り、嘘公約を掲げた石破逆大総裁を誕生させた一件である。

## 石破は安倍元総理に負けた

この分析がただの希望的観測や妄想でないことは、過去最少の１４５８万票に落ち込んだ比例の得票数が示している。各メディアの出口調査を見れば、抜け落ちたのは18歳から30代までの「若年層」の自民党支持者だ。朝日新聞によれば、〈18、19歳で26％（前回42％）、20代で20％（同40％）、30代で21％（同37％）〉と激減している。

そこで考えたいのは第二次安倍政権時の安倍元総理の在任期間である。２０１２年12月26日から２０２０年９月16日までの在任日数２８２２日は、約7年9カ月。小学校に入学した子供は中学生に、中学生は高校を卒業している時間だ。この「安倍時代」に育った若年層にとって総理とは「安倍晋三」という認識だ。石破氏が安倍元総理をあらゆる面で裏切ったことが、若年層が離反した理由ということが導き出せるだろう。すなわちLGBT法と総裁選の茶番が原因ということになる。

軽薄な破壊者にバカを加えたこの世の半分の動員を期待されていた小泉進次郎氏だが、失敗に終わる。委員長として全国を回ったが、総裁選で要介護が露呈した上、「ゲル」と結託したことで「進次郎ブランド」は失墜。応援演説での集客力は高市氏に遥かに及ばない扱いになっていたのである。

整理すれば逆進、石破茂氏は安倍元総理に敗北したということがわかるだろう。衆院選を終えて石破体制に早くも点滅したのが、2025年に行われる参院選の惨敗フラグだ。自民党で選挙の責任者は幹事長である。安倍元総理も小泉政権下の幹事長時代、選挙の責任を取って副幹事長に降格した。ところがこの歴史的惨敗を受けた森山氏は留任を強調。また、総責任者の石破茂氏も同様に居残るというから驚きだ。

希代の逆大総裁と逆大幹事長に対して、最初に大反発をすることが予想されるのが2025年参院改選組である。そこに加わるのが処分対象となって選挙に挑んで勝利した「追加公認」組である。執行部が政治とカネを「争点化」したことで苦しい選挙を戦うことになった恨みは大きい。タダで戻るはずがなく、戻っても石破潰しに向かうことは確実だ。

本稿執筆時点では石破氏、森山氏が権力に固辞している。留まれば留まるほど、浄化のパワーは強くなっていく。その先にあるのは新たな、そしてピュアな保守政治の世界だ。岩盤保守層がリーダーとして求める人物こそ「高市さん」こと高市早苗氏であることは疑いようがないが、情勢は不透明である。とはいえ「２０２５年参院選」に向け、保守自民再生が行われることになるだろう。

次章からアメリカ大統領選について解説する。私は２０１６年からアメリカは「南北戦争２・０」の内戦状態に突入していると考えている。その構造の中で２０２０年にトランプ氏が敗北。２０２４年にはトランプ氏が、「アメリカの進次郎」ことカマラ・ハリス氏を破って勝利した。

冒頭で伝えたが、日本、そしてアメリカの政界で起こったことは、２０２５年以降の世界分断を示している。そのことを明らかにしていこう。

# 第5章

# 無能を有力候補にする情報暴力

## アメリカの進次郎が有力候補になった

4年に1度、驚くのが、アメリカ大統領選への日本メディアの報道姿勢である。特に2024年大統領選はドナルド・トランプ氏に対して極度の偏向報道がなされた。

後述するがトランプ氏の公約には「脱リベラル政策」が多く盛り込まれている。テレビ、新聞などのオールドメディアは反トランプのコメンテーターを揃え、対抗馬のカマラ・ハリス氏圧倒的リードをねつ造した。事実をねじ曲げてでも「リベラル」というイデオロギーに固執する、醜悪な欲望があると考えているのは私だけではないはずだ。

そもそも日本のメディアが「カマラ・ハリス」という政治家の能力、実像を正しく捉えようとしていたのかさえ疑問である。トランプ圧勝によって、メディアが喪失信頼は極めて大きい。もはや存在意義に疑問を抱かれるレベルだ。

2024年のアメリカ大統領選は、2000年以降、アメリカ社会を支配してきた「リベラル」から「ポスト・リベラル」への移行手段の選択だと私は見ている。保守的アプローチでリベラルを乗り越えるか、ラディカルなアプローチでリベラルを乗り越えるかが有権者に突きつけられた。

前者がトランプ氏、後者がカマラ・ハリス氏を担いだ民主党で、同様の選択はヨーロッパでも行われている。

アメリカ大統領選が日本にとって他人事でないのは、アメリカ民主党が異常な駐日大使を送り込んで内政干渉を平然と行うからだ。オバマ政権時のキャロライン・ケネディ氏は安倍元総理の靖国参拝に対して「失望」を表明し、日本の文化であるイルカ漁を公然と批判した。

さらにバイデン政権下で岸田・上川両氏の「土下座コンビ」と「狂人」ラーム・エマニュエル氏がセットになった結果、ＬＧＢＴ法が成立して天皇制を脅かしていることは、前述した通りである。

何より無能が勝利することで、世界中で暴力衝突が勃発するのがアメリカ大統領選だ。日本は中国、ロシア、北朝鮮という3つの価値観の違う核保有国に囲まれている地政学的に最もハイリスクな国である。しかも中国が台湾を侵攻することを「前提」として、世界各国が準備をしているのが現在だ。２０２１年12月１日、安倍晋三元総理は講演で、「台湾へ武力侵攻は地理的空間的にかかわらず、日本の国土に対する重大な危険を引き起こさずにはいません。台湾有事それは日本有事です」とした。しかしアメリカ大統領選で無能が勝利することは、日本有事に等しいという認識はまったく共有されていない。代わってワイドショーがお祭りの扱いにしている。

## 情報を暴力にして認知能力を攻撃

2020年アメリカ大統領選ではジョー・バイデン氏がドナルド・トランプ氏を破って勝利。2021年にはアフガニスタンの実権を武装勢力タリバンが掌握。2022年にはロシアがウクライナに侵攻。また2023年にはイスラエル・ガザ戦争が勃発した。世界中の国防従事者の間ではいずれの戦禍も「バイデン外交の失敗」と評価している。オバマ政権以降、アメリカは自国の軍事リソースを対中国にフォーカスする「リバランス」を実施した。その抑止力の空白地帯で戦争や紛争が発生したという説もあるが、私は懐疑的だ。

というのは2016年~2019年のトランプ時代でもリバランスが行われていた。しかしトランプ時代に、戦争は起こっていない。しかもアメリカ自身も戦争を行わなかった。その理由は明白だ。トランプ―安倍のコンビによって行われた「外交」が世界を安定させていたからだ。

バイデン時代に暴力衝突が多発した理由はバイデン氏の責任だけではない。戦犯中の戦犯こそカマラ・ハリス氏だ。カマラ・ハリス氏はアメリカ政治史の中でも記録的な超絶無能の政治家で、「アメリカの小泉進次郎」というレベルである。

これは誹謗でも中傷でも、大げさな評価でさえない。大統領候補になる以前、その無能を猛烈に批判していたのは、アメリカのリベラルメディアだ。ところが大統領候補になるやメディアは掌を超速で返し、気持ち悪いほどカマラ・ハリス氏をヨイショし始めた。日本では「候補後」の米国報道の引用を通じて「カマラ・ハリス像」が報じられたので、その無能ぶりがまったく共有されていない。

小泉進次郎氏、石破茂氏が長く「理想の総理上位」に位置していた珍現象と似たことが起こったのである。カマラ・ハリス氏が大統領になるということは、世界にとって「有事」だ。なぜアメリカでは「進次郎」が大統領候補にまでなり、有力な対抗馬に仕立て上げられていったのか――その理由は莫大なマネーによって情報を暴力化し、認知領域を攻撃したからである。

こうしてアメリカの「軽薄な破壊者」と「バカ」を足した「カマラ・ハリス層」の票田化が試みられた。「カマラ・ハリス層」を誘因するためのテイラー・スウィフト氏、ビヨンセ氏などが応援要員として動員された。

海を越えた日本でも新聞・テレビがねつ造と偏向を繰り返したのである。まさに「軽薄な破壊者」になるか、「合理的現実主義者」になるかの選択の瞬間だ。皆さんが知らぬ間に「小泉進次郎層」あるいは「カマラ・ハリス層」に堕してしまわないためにも、「カマラ・ハリス現象」は精査されなければならない。まずはカマラ・ハリス氏の経歴を整理するところから始めていこう。

## 「下半身」と「皮膚の色」を武器に政界を遊泳

カマラ・ハリス氏は１９６４年10月20日、カリフォルニア州オークランドでジャマイカ出身の経済学者の父と、インド出身の内分泌学研究者の母の間に生まれた。幼少期には両親と市民権運動に参加。自身はキリスト教徒だが、母親と共にヒンズー教の寺院にも通って育つ。現在の夫のダグラス・エムホフ氏はユダヤ人だ。

まさにアメリカ民主党好みの「多様性」の体現者である。

ワシントンのハワード大学では政治学と経済学を専攻。卒業後はカリフォルニアに戻り、ロースクールに通い、1989年に法務博士号を取得。一度の不合格の後、1990年にカリフォルニア州の法曹資格を取得し、同年からカリフォルニア州アラメダ郡にて地方検事補として働く。

政界入りするきっかけになったのがカリフォルニア州の医療扶助委員会を務めたことだ。医学的なキャリアをまったく持たないカマラ氏を指名したのが、当時、カリフォルニア州議会議長だった民主党の大物政治家のウィリー・ブラウン氏である。この抜擢人事はカマラ氏との不倫関係にあった約30歳年上のウィリー氏の独断と報じられている。このただれた関係を整理していこう。

2人が交際を始めたのは1994年のことだった。交際直後の1994年6月にハリス氏は地方検事補の職を休職。すると、ブラウン氏が即座にハリス氏をカリフォルニア州失業保険控訴委員会に任命する。その5カ月後に、ハリス氏が保険委員会を辞職すると、ブラウンは直ちにハリス氏をカリフォルニア州医療扶助委員会に任命した。州は委員会メンバーを、

「病院サービスの管理、リスク管理、保険またはプリペイド医療プログラム、医療サービスの提供、郡の医療システムの管理、およびサービスを受ける人の代表の経験を持つ人から選ばなければならない」

と定めていたので、本来はカマラ・ハリス氏は選考外ということになる。そこを不倫相手のブラウン氏がねじ込んだ。おかげでカマラ氏は毎月1時間から2時間の会合に出席するだけで、フルタイムの（州）上院議員に相当する報酬を受け取るようになったのである。

## 不倫相手が地位を押し上げた

当然のことながら、この個人的采配を政界は批判した。反対の声を封じたのはブラウン氏が黒人の有力政治家だったことが大きい。１９９５年にブラウン氏は、黒人初のサンフランシスコ市長に就任し長期政権を築くことになる。

選挙期間中にも猛批判を浴びた2人の関係だが、ブラウン氏当選直後に、「表向き」には破局する。その後、カマラ氏はサンフランシスコ地方検察局の常習犯対策班の指揮官、サンフランシスコ市検事地域コミュニティ課のチーフに就任。またカリフォルニア地方検察協会の役員と、全米地方検察協会の副会長を務める。

一連の経歴の背後で別れたはずの交際相手のブラウン氏が、カマラ氏のキャリアアップの支援をしていた。ブラウン氏も身の回りのきれいな政治家ではなく、下院議長や市長時代には、買収や汚職の疑惑に何度も直面。複数のＦＢＩによる捜査は空振りに終わり、起訴を逃れてきた人物だ。

アメリカでは州の幹部職は選挙で選ばれるが、不倫相手の威光を背景に経歴を稼いだカマラ氏は２００３年の選挙でサンフランシスコ地方検事に当選。この時も、メディアは「黒人女性初の地方検事」という冠を付けて報じたが、前述したように両親はアフリカ系ジャマイカ人とインド人だ。

大統領になったバラク・オバマ氏も父親がアフリカ出身だが、母親は白人である。ところが片方の血だけをことさら強調されて大統領になった。このような欺瞞的報道に騙されるのが「軽薄な破壊者」だ。

地方検事当選後、カマラ氏はブラウン氏のことを、

「私の首にぶら下がっているアホウドリ」

とメディアでこき下ろし、公的には別離を装ったが、その後もブラウン氏が「後見人」

となってカマラ氏の政界キャリアを押し上げたことが報じられている。その助力は大きく寄与し、２００８年には民主党の「鉄の女」ことナンシー・ペロシ氏の支持を得て、カマラ・ハリス氏はカリフォルニア州司法長官選挙に勝利し同州司法長官に就任。またも「黒人女性初」と報じられ、２０１４年に再選を果たした。

２０１５年にカリフォルニア州選出の民主党上院議員が政界引退すると、入れ替わりに、ハリス氏が上院議員選への立候補を表明。翌年の２０１６年11月８日、トランプ氏が大統領選を制した時の一般選挙で勝利し、上院議員となった。

## 州を破壊した最悪の検察官

長く司法で働きカリフォルニア州の司法トップに登り詰めたカマラ・ハリス氏だが、共和党の大統領候補に指名されて初めての選挙集会でトランプ氏はカマラ氏を、「サンフランシスコを破壊した」「最悪の検察官の一人」と酷評している。この発言はカマラ氏の経歴にある２つの事実を基にしている。そのうち１つが「アイザック・エスピノザ殺人事件」だ。

２００４年４月10日、サンフランシスコ市警のアイザック・エスピノザ巡査はパートナーとの巡回中、不審な人物２名を発見し事情聴取を行った。男は二手に分かれて逃走。エスピノザ巡査らは地元のギャング、デイビッド・ヒルを追った。窮したヒルはわずか３メートルの距離からＡＫ－47を乱射。２発がエスピノザ巡査に当たり、その内１発は脇腹を貫通。巡査はその38分後に死亡してしまう。

警察はその日のうちにヒルを逮捕したが、殺害事件の３日後、当時地方検事だったカマラ・ハリス氏は、ヒルに対して死刑を求刑しないと発表。仲間を殺された警察側は憤怒する。

警察組合は民主党の伝統的な票田だが、ハリス氏はサンフランシスコの地元警察組合と対立することになる。カリフォルニア州の上院議員２人はハリス氏を非難。そのうち１人の民主党議員がエスピノザ巡査の葬儀で立ち上がり、

「これは悲劇の定義であるだけでなく、死刑法が求める特別な状況なのです」

とハリス氏の独善を非難し、埋め尽くした警察官と遺族から喝采を受ける一幕があった。サンフランシスコ市警とカマラ・ハリス氏との遺恨は現在でも続いている。

もう一つが、２０１４年11月４日にカリフォルニア州の住民投票で、「提案47安全な近

隣と学校法」（Proposition47、The Safe Neighborhoods and Schools Act）という法律が可決された一件だ。正式名称は「住環境・学校安全法」（Safe Neighborhoods and Schools Act）で、主に非暴力犯罪の刑罰を軽減することを目的としている。

直接的に物理的暴力で被害者を傷つけない犯罪ならば、重罪（felony）ではなく軽犯罪、微罪（misdemeanor）として再分類することになった。喜んだのはギャングや窃盗犯たちだ。

## 「万引き」が合法化

この信じがたい法案は、２０１１年にカリフォルニア州の投獄率が全米2位になったことがきっかけになって生まれた。連邦最高裁判所が刑務所の過剰収容が人権の侵害にあたるという判決を出し、カリフォルニア州は投獄人数を約3万３０００人減らさなければならなくなったのである。

カリフォルニア州は経費のかかる刑務所の増設ではなく、「プロポジション47」を選んだ。「プロポジション47」以前は、

●被害額950ドル以下の窃盗
●被害額950ドル以下の万引き
●時価950ドル以下の盗難品の受領
●額面950ドル以下の小切手、債券、紙幣などの偽造
●被害額950ドル以下の詐欺
●額面950ドル以下の不渡り小切手の意図的な発行
●ヘロイン、コカイン、覚せい剤などの違法薬物の所有または使用

などの行為は「重犯罪」とされていた。ところが法律施行後、これらの「犯罪」は「軽犯罪」へ「再分類」されることになったのである。

当たり前だがカリフォルニア州内の刑務所への新規収監人数は一気に50％減少、施行1年で囚人人口の総数は9％減を達成した。逮捕、起訴、収監をしなくて済むということで関連予算の大幅コストカットに成功。その裏側で、治安は大幅に悪化した。

ロサンゼルスやサンフランシスコなどの都市部では百貨店などの小売店での万引きが常

態化し、無法地帯になった。特にサンフランシスコの状況は酷く、中には大規模な万引きグループに連日店を襲撃されて経営困難に陥った店も多く出る。その結果、サンフランシスコからは、アメリカを代表する小売店を含む95の大型小売店が撤退を決めたのである。

この「プロポジション47」の投票概要を作成したのは、当時、同州司法長官だったカマラ・ハリス氏である。さらにコスト削減を強調したことで、有権者の支持を誘導した。

カマラ・ハリス氏の暗躍によって成立した「悪夢の法律」は「刑務所からホームレスへのパイプライン」と嘲笑されている。刑務所から追い出された犯罪者が、街に戻ってホームレスになったからだ。

「サンフランシスコを破壊した最悪の検察官の一人」は、ジョー・バイデン氏の大統領としての業務を破壊することになったのである。当選たった1回の無能が副大統領になった理由は「打倒トランプ」だ。

## 政策より「打倒トランプ」

2016年大統領選を勝利したトランプ氏だが、2020年の大統領選は2期再選が確実視されていた。立ちはだかったのは、中国・武漢発のコロナ禍である。世界各国で有権者はコロナ禍のストレスを自国の与党政権に向けた。アメリカも同様だったが、大統領だったトランプ氏は、コロナ対策に忙殺される事態が重なる。

選挙運動も満足にできなかった現職に対して、アメリカ民主党に追い風が吹く。ところが米民主党は「党内分裂」という病理を抱えている。日本では「リベラル」と見られる民主党だが一枚岩ではない。

党内には中道左派、穏健派、急進左派の3派が存在する。中道左派と穏健派は距離が近く「中道派」として意見集約する傾向が強いが、問題なのは「急進左派」だ。

この「急進左派」は「極左」とも呼ばれ、少数ながら党内のキャスティングボートを維持している。2016年大統領選挙ではヒラリー・クリントン氏が急進左派を軽視し、極左が離反した。ヒラリー氏が巨額の選挙資金を集めながら、トランプ氏に敗れた大きな要因の一つが、党内対立だったとされている。

2020年大統領選挙に向けアメリカ民主党は候補者を選ぶ予備選を行ったが、バイデン氏より優勢だった対立候補はすべて「極左グループ」所属だった。中でも優勢だったのはサンダース氏だが、民主党首脳部は難色を示す。イデオロギー色が強すぎて集票が限定的になり、全体の半分で勝っているトランプ氏に勝利することが難しい。

アメリカ民主党首脳部は、２０２０年大統領選は穏健派のバイデン氏でなければ勝てないと予測した。ところがバイデン氏を指名すれば極左グループが離反してしまう。

このジレンマを解消するツールとして注目されたのがカマラ・ハリス氏だ。カマラ・ハリス氏は当選１回で無謀にも大統領予備選に出馬。立候補にあたって彼女が掲げた政策は軍備縮小、銃規制、大麻合法化、人工中絶自由化、ＬＧＢＴの権利拡大、国境開放、移民賛成で、サンダース氏と極めて似た「極左政策」である。

内政特化で外交戦略に一切触れていないことから、泡沫候補の１人で、ほとんど相手にされていなかったのが実態だ。民主党予備選に名乗りを上げたのはお得意の売名目的という声がもっぱらだった。

ところがバイデン氏が副大統領候補にカマラ・ハリス氏を選出し、急進左派の分裂を防ぐ戦略に打って出る。このことで民主党内の中道左派、穏健派、急進左派の３派がまとまりバイデン氏は僅差でトランプ氏に勝利する。この党内事情が「黒人女性初」の副大統領が誕生した背景だ。ところが、この抜擢人事によってバイデン大統領は機能不全を起こすことになる。

## 露呈した実務能力

アメリカ議会は2大政党によって運営されている。両党が平行線のままでは何の政策も実行できない。政治の停滞を防ぐために両党間が水面下ですり合わせを行いながら議会を運営するのが通常だ。

オバマ政権時代に両議会のすり合わせを行っていた中心人物が、当時、副大統領だったバイデン大統領である。調整能力こそがオバマ氏がバイデン氏を副大統領に指名した理由だ。

バイデン氏は1972年にデラウェア州選出の連邦議会上院議員に立候補。共和党内の内輪揉めが手伝って当選した。ところが直後に交通事故によって妻と長男を亡くし、後妻となったのが現在の妻であるジル夫人だ。

初当選以来、バイデン氏は36年間の長期にわたって上院議員を務めることになった。議員歴が長いだけが取り柄で、ほかにめぼしい政治的業績はない。だがこの「議員歴の長さ」がバイデン氏最大のストロングポイントとなった。

能力成果主義が支配するアメリカ社会にあって、ワシントンだけは年功序列が機能する。アメリカ議会においては当選回数によって「シニオリティ（先任権）」が決まり、各部会の委員長を務めるのだ。

各部会の「委員長」は、日本の国会の「委員長」より遥かに大きな権限を持つ。法案審議をするか、しないかも委員長の裁断による。36年を経て、バイデン氏は上院の外交委員長を務めて、議会の重鎮となっていった。

２００８年のアメリカ大統領選における民主党予備選で、バイデン氏は候補に名乗り出たが、オバマ氏とヒラリー・クリントン氏の2強を前に撤退を選択する。予備選で勝利し大統領候補に指名されたオバマ氏は、副大統領候補にバイデン氏を指名した。その理由が「長い経歴」で培った議会調整能力だ。こうして２００９年1月のオバマ氏大統領就任と共に副大統領に就任した。

## カマラの無能に引きずられて忙殺

ところが当選わずか1回で、下半身と皮膚の色だけを武器にワシントンで地位を築いてきたカマラ・ハリス氏は、実務能力がゼロで議会調整などできるはずがない。この結果、バイデン大統領は自らが議会調整を行わなければならないようになってしまう。「オバマにはバイデンがいたが、バイデンにはバイデンしかいない」という状況で、バイデン氏は支持率を稼ぎやすい内政にフォーカスすることになった。

影響を受けたのは「外交」である。アフガニスタンのタリバン支配、ロシアによるウクライナ侵攻、イスラエル―ハマス戦争も「バイデン外交の失敗」が原因だが、この失敗の裏側にあったのがカマラ・ハリス氏の「無能」だった。

その無能ぶりは内政にも影響を与え、バイデン政権が目玉政策として掲げていたいくつかの政策は不成立となった。頓挫した目玉政策の一つが「ビルド・バック・ベター」法案である。

同法は気候変動対策、育児・教育・医療など社会保障の強化、インフラ整備、富裕層や大企業への増税などの税制改革をごった煮にした法案だ。「アメリカの経済と社会をより持続可能で公平なものにすることを目指す」という、極めてリベラル色の強い看板を掲げた大規模な歳出計画である。

この法案が、民主党が多数派を占めていた下院で採決される直前の２０２１年11月、アメリカのインフレ率は前年比６・８％に達していた。ところが同月12日、同法のインフレへの影響を記者会見で問われたカマラ・ハリス氏は、このようにコメントする。

「ここから始めよう。物価が上昇し、家庭や個人は、パンが高くなり、ガソリンが高くなるという現実に直面している。それが何を意味するのか、私たちは理解しなければなりません。生活費が上がるということ。それは限られた資源にストレスを与え、引き伸ばさなければならないということだ。それは、経済的なものだけでなく、日常的なレベルで、背負うべき重荷のようなものなのです」

まったく理解不能の珍回答を見て、何かを思い出す人も多いのではないか——そう、まさに小泉進次郎氏が得意とする「進次郎構文」である。実際にカマラ・ハリス氏は記者会見の一問一答に弱く、プロンプターなしで答えることはできない。大口を開けて笑う姿はカマラ・ハリス氏のアイコンになっているが、返答に窮してあの表情を連発すると言われている。

この「アメリカの小泉進次郎」が大統領候補になったのは「銃弾とカネ」だ。その経緯を振り返ろう。

## 認知症疑惑が確信に変わった

4年ごとに行われるアメリカ大統領選は、投票が終了したその日から、次の大統領選に向かってスタートする。2020年大統領選で敗北したトランプ氏は、4年間、全米中を駆け回り続けた。こうした選挙活動のギアが一段上がるのが2024年1月からの、共和党が候補を選ぶ予備選開始である。ところがトランプ氏は、共和党予備選で圧勝。ライバル不在の状況で指名が行われる同年7月を待っていた。

対する民主党予備選ではバイデン氏の一本化と再出馬が確定的になっていた。そして両者は2024年6月28日午前10時から4年ぶりにテレビ討論会でぶつかり合う。討論会の大きな焦点がトランプ氏、バイデン氏の「年齢」だった。1946年6月14日生まれのトランプ氏は、討論会時点で78歳。対するバイデン氏は、1942年11月20日で81歳である。

バイデン氏には深刻な認知症の疑いが都度、指摘されていたが、テレビ討論会では疑惑から確信に至る事態となった。まばたきしない、フリーズする、意味不明の言葉を発するなど、明らかに正常とはほど遠い健康状態であることが周知されてしまったのだ。またバイデン氏は、トランプ氏が求める認知テスト、薬物テストを拒否しており、健康不安が再確認された。

この討論会を通じて、バイデン氏の再選に疑問を抱く民主党支持者が大勢を占める結果となったのである。2020年の選挙でも認知症が疑われる言動などが見受けられたが、コロナ禍でのリモート選挙運動が中心であったため露見を免れていたのだ。

その認知症疑惑をリベラルメディアはごまかし続けて、4年間どうにか持たせてきた。しかし、テレビ討論会はライブで、ごまかしは通用しない。バイデンが「老い」を見せたのに対して、年齢、健康面において健全であることを示したトランプ氏が優勢となったのだ。

この流れを決定的にしたのが、トランプ氏を襲った一発の銃弾である。

## 選挙の流れを変えた銃弾

2024年7月13日、ドナルド・トランプ氏はペンシルベニア州バトラーで開催された集会で、演説を行っていた。バトラーは、同州主要都市ピッツバーグから北東に約50キロに位置する。

そのバトラーの北側には五大湖の一つエリー湖があり、北西部にはクリーブランド、そして自動車工場の街で知られたデトロイトがある（図表5－1「トランプ氏狙撃未遂事件の現場概略図」上図参照）。

いわゆる「プワホワイト」と呼ばれる貧困層の白人労働者が多く住む工業地帯だった。中国からの輸入品増加によって「ラストベルト（さびついた工業地帯）」と呼ばれるようになって久しい。

２０１６年大統領選にトランプ氏が勝利した大きな要因の一つがラストベルトで大きな支持を集めたからである。ペンシルベニアは、後に説明するスイングステート（激戦州）の一つで、トランプ氏は積極的に２０２４年大統領選の選挙活動を行っていた。

演説中のトランプ氏を一発の銃弾が襲ったのは同日の現地時間で午後6時15分（日本時間14日午前7時15分）ごろのことだった。犯人は会場から約１２０～１５０メートルほど離れた建物の屋根上から、トランプ氏に向けて約2秒の間に数発発砲。聴衆の１人が死亡し、２人が負傷した（図表5－1「トランプ氏狙撃未遂事件の現場概略図」下図参照）。

## 図表5-1 トランプ氏狙撃未遂事件の現場概略図

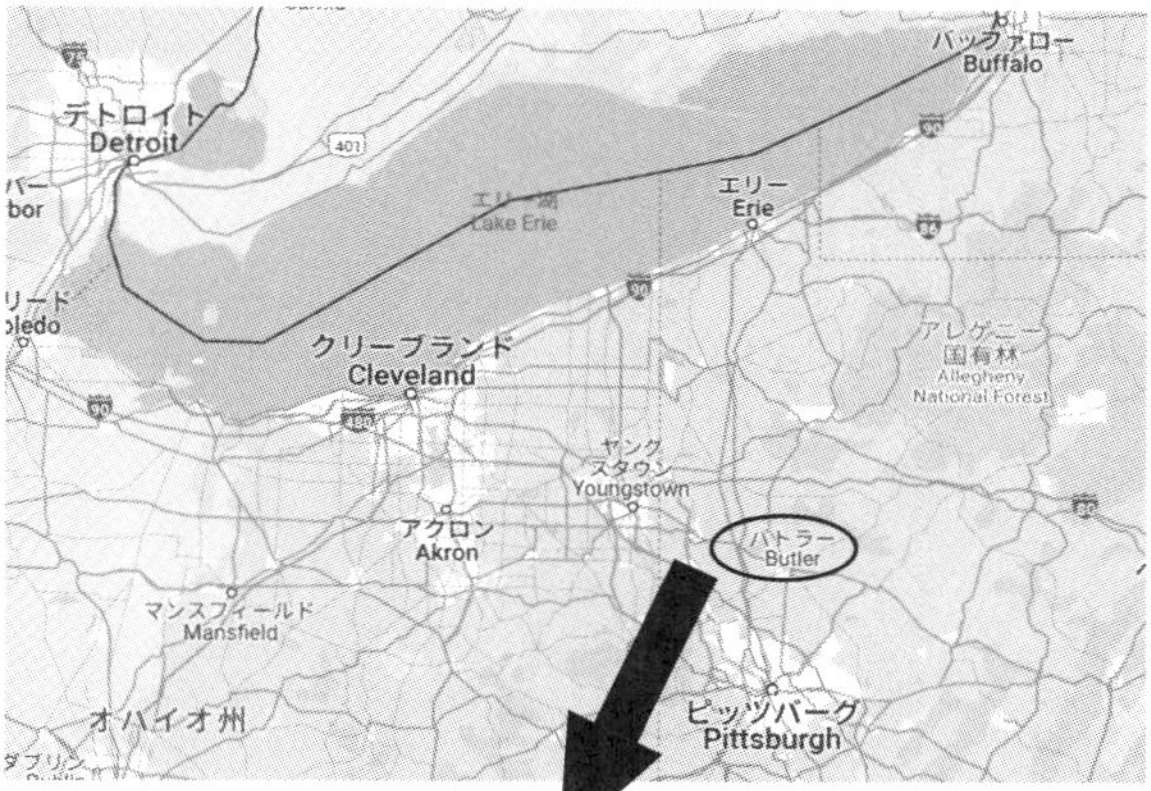


(Google Map を基に作成)

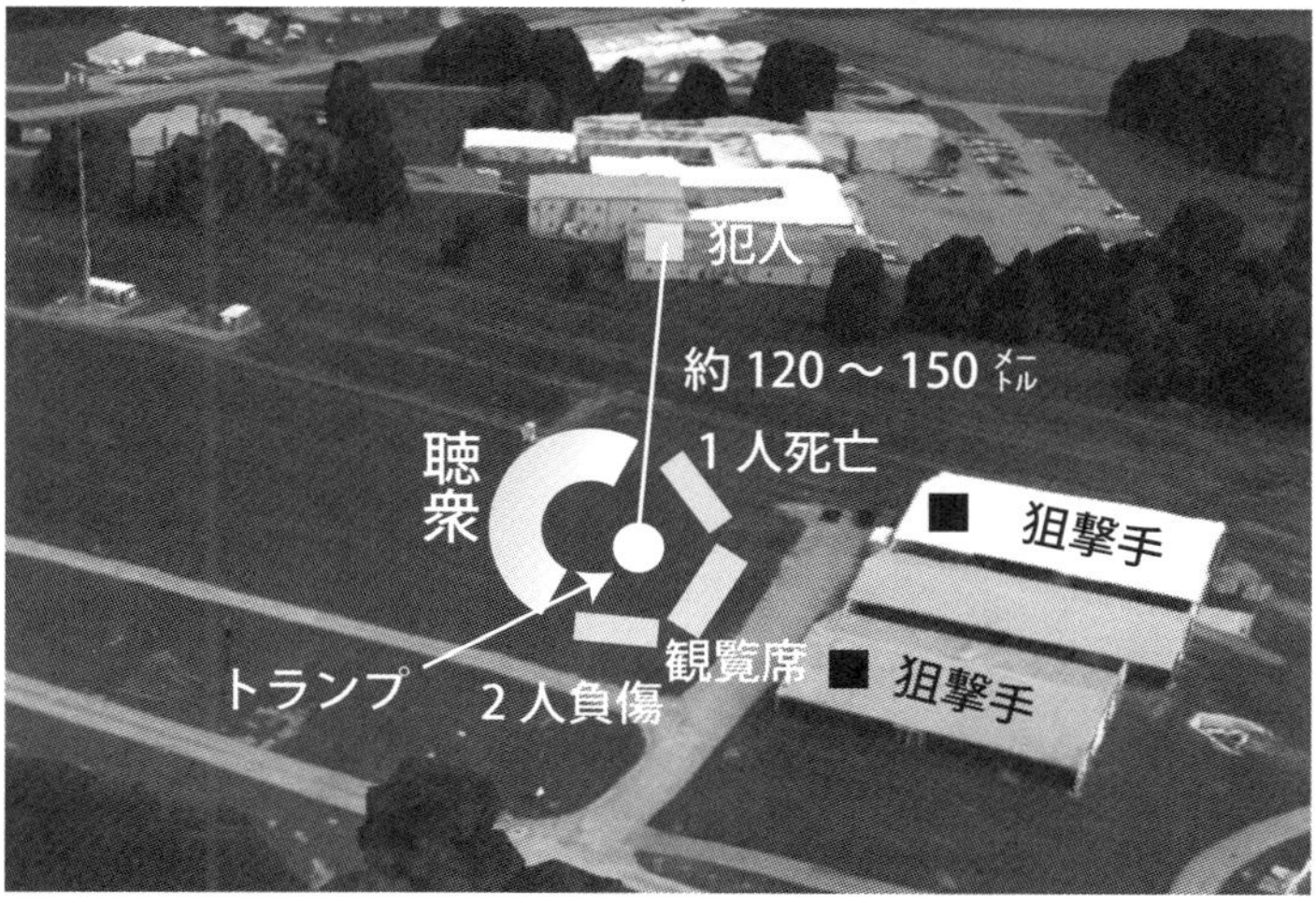


(Google Earth を基に作成 )

トランプ氏は偶然、振り向いたことで凶弾は右耳を貫通しただけで済んだ。警備側はカウンタースナイプによって犯人を射殺。流血しながらスペシャル・サービスに支えられ立ち上がったトランプ氏は、右拳を高々と天に向けて突き上げたのである。

ピューリッツァー賞受賞のフォトジャーナリストでAP通信社のエヴァン・ヴッチ氏による、星条旗を背景に、狙撃から生還した直後の力強いポーズの写真は、またたくまに全米、そして世界へと配信された。まさにトランプ氏が大統領選で掲げるスローガン「MAGA（Make America Great Again の略）」すなわち、「強いアメリカの復活」の体現だ。あるいは死から復活した奇跡のようなイメージを有権者に与えた。

この瞬間、2024年大統領選でトランプ氏優勢が確定的となり、対抗馬だった現職、ジョー・バイデン大統領の撤退圧力が強まっていったのである。バイデン陣営に最も大きなダメージを与えたのは「選挙資金」だった。このことを理解するために、アメリカ大統領選挙とおカネの関係を解説しよう。

## 政治に大切なものは「カネ」

前述したようにアメリカでは大統領が決まると次の4年に向けて、大統領候補者は広大なアメリカを駆け回り続ける。スタッフの人件費、全米各地で集会を開催するための運営費や交通費、選挙戦略立案のための調査費用など、いわゆる「ドブ板選挙」の費用だけでも莫大になる。

そのアメリカ大統領選で支出の大きな部分を占めるのが「空中戦」すなわち、メディア戦略だ。以前はテレビ広告だけでよかったのだが、インターネットの急速な普及によってSNSを含めた宣伝媒体は格段に増え続けているので、その分、支出も増えていく。

実際に2016年大統領選の両陣営の資金支出額合計は24億ドル。対して2020年は2倍にあたる合計57億ドル（約8274億円）となっている。2020年大統領選挙における各選挙陣営のメディア費用はバイデン氏79・3％に対して、トランプ氏が68・4％なのだから、日本の選挙費用とはケタ違いだ。

アメリカ大統領選挙と「おカネ」の関係は伝統だ。第25代アメリカ大統領、ウィリアム・マッキンリーを当選に導いたオハイオ州の上院議員、マーク・ハンナ氏は、こんな名言を残している。

「政治には2つ大切なものがある。1つ目はお金。2つ目が何だったかは思い出せない」

図表5-2 アメリカ選挙とマネー

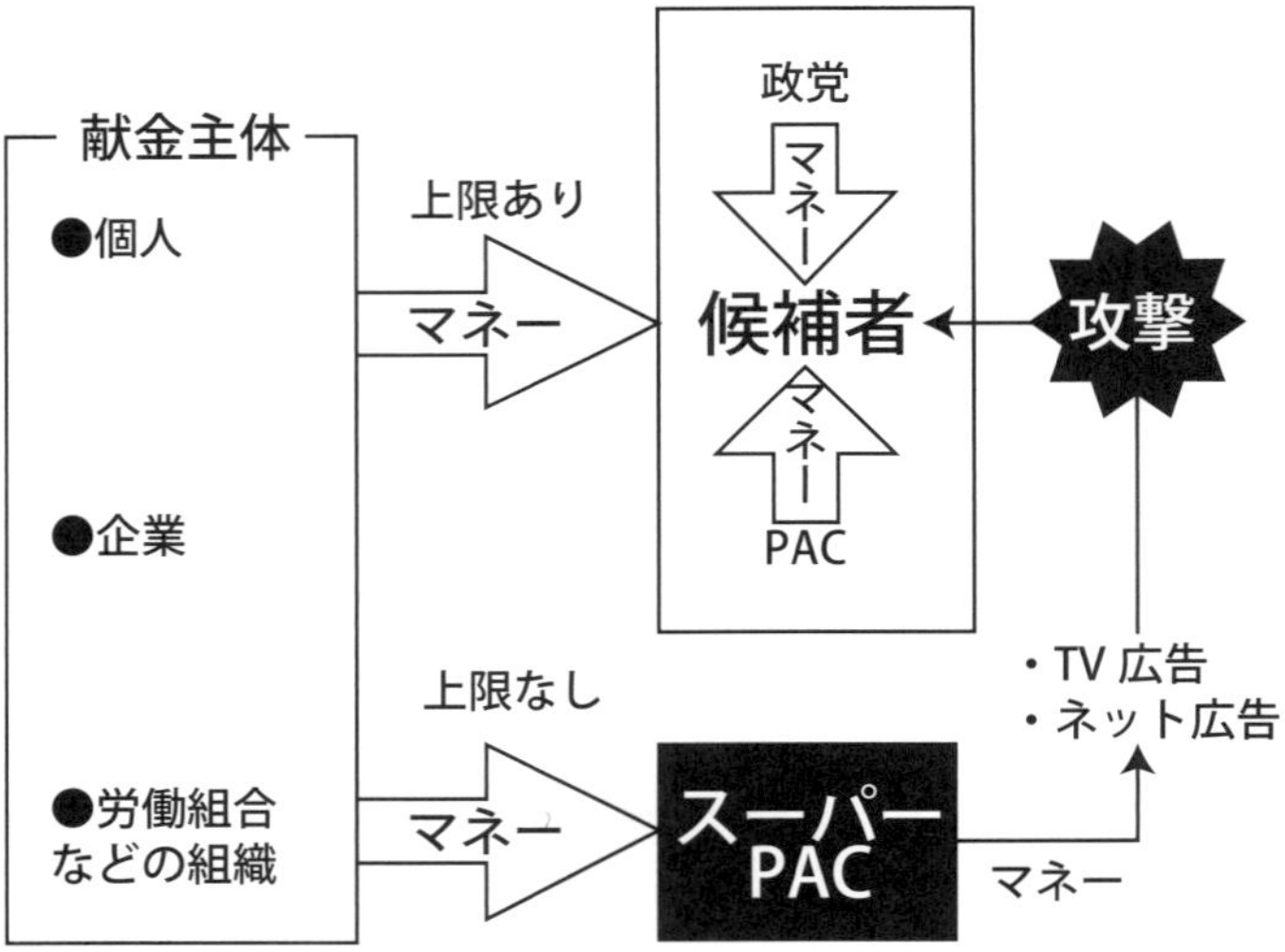


大統領選を「カネ」が支配しているが、「政治資金規正法のようなものがアメリカにはないのか」という疑問を持つ人も多いだろう。かつては大統領選の選挙資金は規制されていたが、現在では大統領選の選挙運動に限定して、規制はなくなった。

政治をカネが腐敗させるということで、アメリカでも企業、団体、組合などが政党や政治家に直接献金を行うことは禁止されている。そこでPAC《パック》（政治活動委員会）という政治資金団体を設立して企業の役員や大口個人株主などの「個人」から資金を集めそれを献金する仕組みができあがった。PACに対する個人献金には制限が設けられていた。

ところが2010年の裁判で、支持する候補者や政党と直接協力関係にない政治活動であれば献金額に限度を設けてはならないとの命令が下された。その時の法的根拠となったのが言論の自由を認める権利章典第一条である。対立候補へのネガティブキャンペーンなどは「言論の自由」で、いくら費用を使っても行うことができるという一種の裏技が認められたのである。

そこでアメリカ大統領選では候補者から独立した「スーパーPAC（特別政治活動委員会）」を通じて無制限に資金を集めることができるようになった。スーパーPACはテレビCM、SNSなどを利用して対立候補への様々なネガティブキャンペーンを行っている。日本の選挙では見られない構造なので、図式にまとめたのが、図表5-2「アメリカ選挙とマネー」だ。

## 385億円をメディア戦略に投じる

「無制限」がどれほど巨額の資金を集めることになるか――2024年大統領選において

バイデン陣営最大のスーパーPAC「フューチャー・フォワード」は、8月開催の民主党大会の後、テレビやネット広告に2億5000万ドル（約385億円）を投じてキャンペーンを行うことを発表していた。

アメリカ大統領選において必要な資金は日本円にして3000億～4000億円と言われている。巨額資金の大部分が制限のないスーパーPACで、献金者は一度に支払うこともできれば、定期的に支払うサブスクモデルになっているパターンもある。

2020年選挙ではコロナ禍対応に忙殺されたトランプ陣営が選挙資金を集めることに集中できなかった。前述したように民主党側はカマラ・ハリス氏を副大統領に抜擢することで党内の極左勢力を取り込み一体化する。そうして潤沢な選挙資金を集めることに成功し、「カネ」のパワーも大きく寄与して選挙に勝利したのである。

ところがテレビ討論会で深刻な認知症の進行が周知された結果、バイデン氏に対する2024年大統領選挙に向けた献金がほぼ止まる事態となった。それどころか、凍結を宣言する大口支援者が出てしまったのである。収入が止まったことで暗殺未遂事件当時、当座に残った選挙資金は枯渇直前だった。バイデン氏は資金面から大統領選を戦えない状態にあったのだ。

## 図表5-3 バイデン氏撤退文書

JOSEPH R. BIDEN, JR.

July 21, 2024

My Fellow Americans,

Over the past three and a half years, we have made great progress as a Nation.

Today, America has the strongest economy in the world. We've made historic investments in rebuilding our Nation, in lowering prescription drug costs for seniors, and in expanding affordable health care to a record number of Americans. We've provided critically needed care to a million veterans exposed to toxic substances. Passed the first gun safety law in 30 years. Appointed the first African American woman to the Supreme Court. And passed the most significant climate legislation in the history of the world. America has never been better positioned to lead than we are today.

I know none of this could have been done without you, the American people. Together, we overcame a once in a century pandemic and the worst economic crisis since the Great Depression. We've protected and preserved our Democracy. And we've revitalized and strengthened our alliances around the world.

It has been the greatest honor of my life to serve as your President. And while it has been my intention to seek reelection, I believe it is in the best interest of my party and the country for me to stand down and to focus solely on fulfilling my duties as President for the remainder of my term.

I will speak to the Nation later this week in more detail about my decision.

For now, let me express my deepest gratitude to all those who have worked so hard to see me reelected. I want to thank Vice President Kamala Harris for being an extraordinary partner in all this work. And let me express my heartfelt appreciation to the American people for the faith and trust you have placed in me.

I believe today what I always have: that there is nothing America can't do – when we do it together. We just have to remember we are the United States of America.

トランプ暗殺未遂事件から約１週間後の２０２４年7月21日、バイデン大統領は、長文の手紙を自らのXアカウントでポスト（図表5-3「バイデン氏撤退文書」）。その中で、「皆さんの大統領として務めることは、私の人生において最大の栄誉でした。そして私は再選を目指すつもりでいましたが、私が退き、残る任期にかけて大統領としての職務を全うすることのみに注力することが、私の党と国の利益にとって最善だと考えます」と撤退を表明。さらに同日、バイデン大統領はカマラ・ハリス氏を次期大統領候補として推薦したのである。

## 候補に指名された理由は「カネ」

なぜ「小泉進次郎級」の無能が大統領候補に担ぎ上げられるのか――その理由は一にも二にも「おカネ」だ。この疑問を解くためには、「アメリカ大統領選」の仕組みを押さえなければならない。

日本の大統領選報道では「候補者」だけがフォーカスされる傾向が強いが、アメリカの有権者にとって「大統領選」は、大統領候補が指名する副大統領とセットで選ぶ。両者は

「大統領―副大統領チケット」と総称されて報じられる。

２０２４年大統領選でトランプ氏はＪ・Ｄ・バンス氏を、カマラ・ハリス氏はティム・ワルツ氏を副大統領に指名した。ゆえに「トランプ―バンスチケット」「ハリス―ワルツチケット」となる。

ところが２０２４年大統領選で民主党は投開票の実に約４カ月前まで「バイデン―ハリスチケット」としてＰＡＣやスーパーＰＡＣに選挙資金を集めてきた。バイデン氏が降りると、プールした選挙資金を使えるのはカマラ・ハリス氏だけということになる。

バイデン氏の後継候補として、バラク・オバマ氏の夫人、ミシェル・オバマ氏の名前が挙がったことがあったが、その場合、たった4カ月でゼロから資金を集めなければならない。この短期間で巨額の選挙資金をゼロから集めることは事実上不可能である。時間と権利の問題で「無能」カマラ・ハリス氏以外の選択肢がなかった。

実際にバイデン大統領が撤退を決めた直後から、民主党の全国委員会は、資金調達委員会の名称を、「ハリス勝利基金」と「ハリス行動基金」に変更することを申請。またバイデン選対本部のX公式アカウントは、「@BidenHQ」から「@KamalaHQ」に名称を変更した。そのアカウントが最初にポストしたのは、

「カマラ選対本部へようこそ」

である。このように民主党は一気にカマラ・ハリス氏を大統領候補に指名するべく動き始めた。その効果は絶大で、バイデン氏がカマラ氏を後継指名した直後、たった1日で約100億円の資金が集まったということが話題になるほどだ。これは、資金が円滑に禅譲されたこと、また、再び民主党の大統領選挙に「資金」が集まり始めたことを示している。

カマラ・ハリス氏が選ばれたもう一つの理由は、テレビ討論会、狙撃事件を経て「トランプ圧倒的優勢」という状況が生まれたからだ。勝てそうもない大統領選挙に惨敗してキャリアに傷を付ける必要はない。リスクを恐れて他の有力候補は出てこなかった。

軽量級を超えた羽毛級候補をコントロールできると考えたヒラリー・クリントン氏はすぐさまカマラ氏支持を表明。一方の民主党の主流派、オバマ氏はカマラ・ハリス氏の「無能」に即答できず、2024年7月26日になってようやく支持を公言した。

こうしてカマラ・ハリス氏は2024年8月1～5日のオンライン投票で99％の代議員を獲得。同月6日、民主党は彼女を正式な大統領候補に指名した。ハリス氏はミネソタ州のティム・ワルツ知事を副大統領候補に指名し、選挙活動を本格化させた。

重鎮が「支持」を判断するのに、相当の時間がかかるほど酷い消極人選であるにもかかわらず、メディアは一斉にカマラ・ハリス氏を有能な有力候補として装飾し始めたのである。

惨敗後、米民主党を支持する日本の評論家はカマラ・ハリス氏の敗因を「黒人だから」「女性だから」と再度偏向して伝えている。

しかし、以上のように整理すれば、敗因は「黒人」でも「女性」でもなく「無能」に対して「合理的現実主義者」がノーを突きつけたからに過ぎない、ということがわかるだろう。次章ではトランプ氏が再編する「ポスト・リベラル世界」の正体に迫る。

# 第6章

# 逆襲のトランプと脱リベラルの世界再編

## トランプ圧勝と大統領選の制度

カマラ・ハリス氏が２０２４年大統領候補として指名されるや、日米のリベラル系メディアは横並びに「カマラ・ハリス優勢」と報じ始めた。その影響で日本でも「カマラ・ハリス優勢」と思い込まされながら、大統領選の日を迎えた人も多くいた。結果が出れば「ねつ造」が捲れるのにもかかわらず、メディアは必死だった。後述するトランプ氏の公約が、どうしても許容できないからである。

アメリカ大統領選には莫大なカネが投下され、キャンペーンという情報戦が行われることは前述した。マネーの力で情報を暴力に転換し、認知能力を攻撃するタイプの「情報戦」である。

カマラ・ハリス氏の場合、中身は「小泉進次郎レベル」ということで、より高いレベルの刺激が必要となる。そこで利用されたのがテイラー・スウィフト氏やビヨンセ氏などのハリウッド・スターだ。日本でも知名度が高いことで認知領域を攻撃され、マスコミのねつ造に騙される構図だ。

アメリカ大統領選で日本人が認知領域を攻撃されやすいのは、独特の選挙制度の仕組みが理解されていないことが大きいと私は考えている。特に「選挙人」と「総取り」は、日本人にとって難解でさえある。今後、メディアの偏向、ねつ造に騙されないためにも整理する。

アメリカ大統領選は有権者が「大統領に投票する『選挙人』に票を投じる」という間接選挙になっている。大統領候補は全米50州と首都ワシントンに割り振られた計５３８人の選挙人の数を競う。過半数の２７０人以上を得た候補が勝利者となる。

各州の選挙人の数は上院議員２人と、人口に基づいて配分される下院議員の数の合計で決まる。２０２０年大統領選から13州で選挙人数が変更された。選挙人最多の州がカリフォルニア州の54人、続いて、テキサス州の40人、フロリダ州の30人と続く。最少はアラスカ、デラウェアなど６州と、首都ワシントンの３人である。

50州のうち48州と首都ワシントンでは、「勝者総取り」方式が採用されている。その州で相手より１票でも多く票を得れば、すべての選挙人を獲得できるという仕組みだ。

アメリカは沿岸部にはリベラル層、中央部にはテキサスにいる開拓時代の「カウボーイ」タイプが多くいる。大西洋に面した東海岸北側には、ニューヨークなどの金融系、東海岸南側には、ボストンなど最初にアメリカに渡ってきたＷＡＳＰ（ホワイト、アングロ・サクソン、プロテスタントの略）が多い。

西海岸は太平洋に面しているということで、北側にカリフォルニアを中心にアジア系移民が、南側はヒスパニック系が多く住む。この国家構造は約１５０年以上前の南北戦争時と変わらない。

ご存じのようにアメリカは2大政党制の国だが、各政党への支持率も、この国家構造を映し出したものになっている。アメリカでは民主党支持者の多い州が「ブルーステート」（青い州）、共和党支持者の多い州は「レッドステート」（赤い州）と呼ばれる。概ね沿岸部が「ブルーステート」で、中央部が「レッドステート」という状態が続いているのだ。

ブルーステート、レッドステートの選挙人数はほぼ同数ということで、大統領選の勝敗は両方に属さない「スイングステート」が鍵になる。「スイングステート」は「激戦州」「注目州」として報じられるが、開催年ごとに変動する。

例えばこれまでの大統領選において最重要の「スイングステート」だったのは、全米で3番目に選挙人が多いフロリダ州だった。２０２０年大統領選で、トランプ氏がフロリダ州で勝ち、２０２４年大統領選ではレッドステートになっている。

**図表6-1** 2024年大統領選 トランプ圧勝

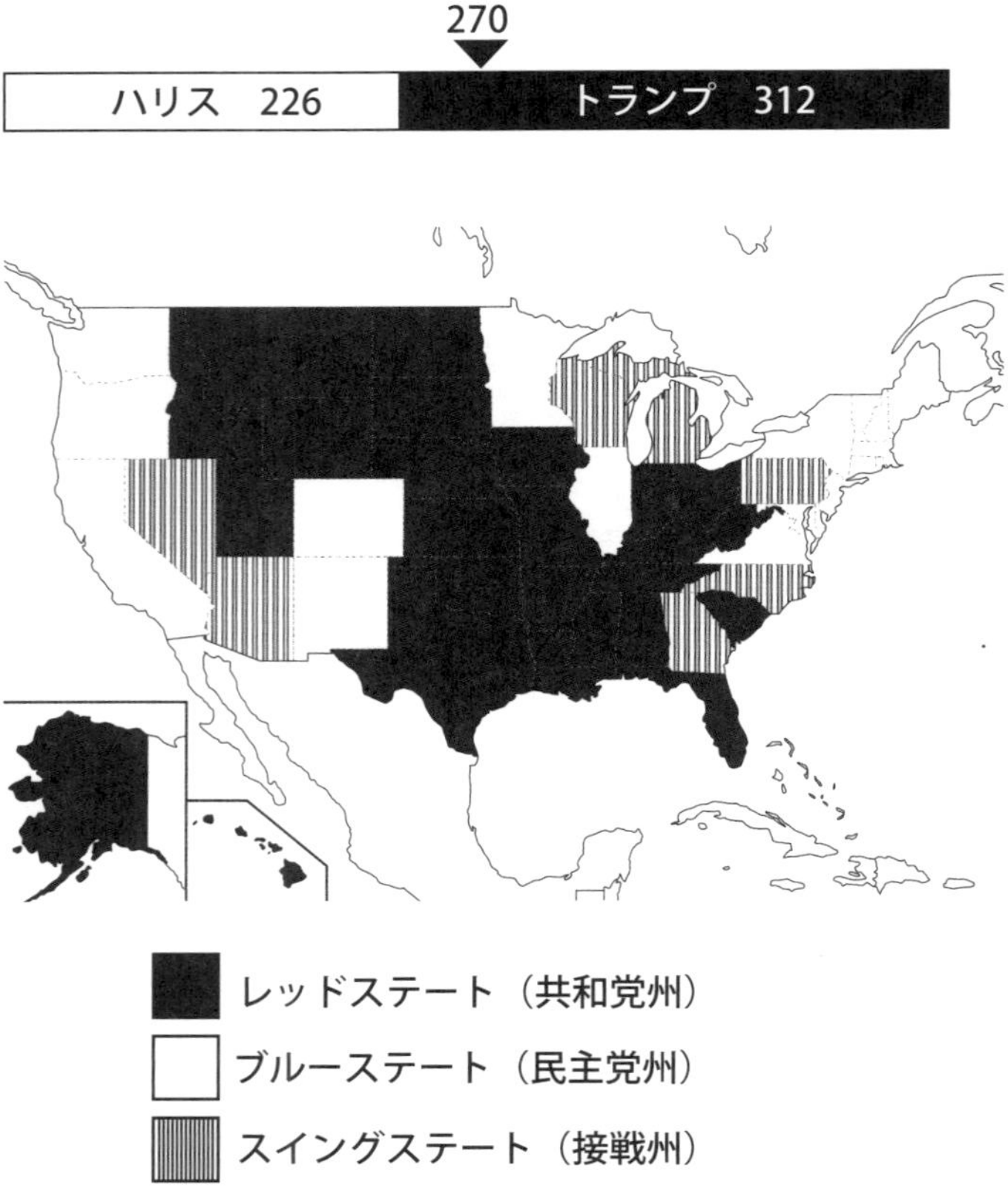


トランプ氏は 7 つの接戦州をすべて勝利して圧勝した。

勝因となったのは、同州に多く住むキューバ系移民だったからだが、実はこのことには重要な意味がある。そのキューバ系移民が共和党に投じた背景にあるのがカマラ・ハリス氏の副大統領指名だった。社会主義国の貧困と恐怖を知悉《ちしつ》しているキューバ系移民が「極左」を嫌悪し、フロリダ州はレッドステートになったのである。

2024年大統領選におけるスイングステートはアリゾナ州、ジョージア州、ミシガン州、ネバダ州、ノースカロライナ州、ペンシルベニア州、ウィスコンシン州の7州とされていた。スイングステートとトランプ氏圧勝ぶりを図式化したのが、図表6−1「2024年大統領選　トランプ圧勝」である。

## 割れた左翼票

2020年大統領選民主党予備選では極左のサンダース氏が優勢だったが、民主党首脳部が嫌がったことは前述した。この時の民主党首脳部の懸念は現実のものになった。極左のアイコン、カマラ・ハリス氏を擁立したことで、民主党を支えてきた票田が割れてしまったことが惨敗の原因だからだ。

民主党内の支持者は大きく2層に分かれている。1つが東部エスタブリッシュメントを中心とした白人層だ。この層には西海岸のカルフォルニアなどに住む意識高い系富裕層も含まれ、民主党の資金源となっている。もう1つの層が労働組合と有色人種などマイノリティと呼ばれる人たちだった。

2020年大統領選では有色人種の中でも、特に黒人の票を集めることによって、民主党は勝利する。副大統領の立場で出馬していれば労働組合や黒人票は「票田」となった。しかし極左のアイコンが大統領候補となったことで、フロリダ同様にイデオロギーに対する嫌悪感、警戒感が生まれた。例えばアメリカ最大規模で強い影響力を持ち「チームスターズ」と呼ばれる労働組合、全米トラック運転手組合は2024年9月時点で、大統領選で支持候補を表明しないことを決めた。

一方のトランプ氏は大統領時代にアメリカ国内の製造業を復活させる政策を進めた。そのことを支持する組合員も多く、労組は民主党支持を表明したものの、組合員の中には「隠れトランプ支持者」が相当数存在する状態になっていたのである。「隠れ支持者」が世論調査の正確性を失わせる要員だ。

カマラ・ハリス氏には黒人を票田にすることが期待されていた。ところが、反黒人差別を掲げる組織ＢＬＭ（ブラック・ライブズ・マター＝Black Lives Matterの略）ロードアイランド共同創設者の活動家が、投票日前日にトランプ支持を表明する事態も起こった。

票田が一枚岩にならなかったのは、イデオロギーだけではない。最大の原因はカマラ・ハリス氏の政策が具体性に乏しかったからである。インフレについての言及は前述したが、テレビインタビューでのハリス氏の支離滅裂な受け答えは「ワードサラダ（文法的には正しいが意味不明な言葉）」として冷笑されていた。対するトランプ氏は約2年間の時間を使って、「チームトランプ」とも呼べる仲間と綿密に政策を練り上げていったのである。

## 20の公約は表層に過ぎない

２０２４年7月、共和党はトランプ陣営の公約を、「ホワイトハウスと上下両院の共和党過半数を獲得した暁には、速やかに達成する以下の20の約束から始まる前向きなアジェンダ」と題して公開した。以下に列挙する。

①国境を封鎖し、移民の侵入を阻止する
②アメリカ史上最大の強制送還作戦を実行する
③インフレに終止符を打ち、米国を再び手ごろな価格にする
④米国を世界有数のエネルギー生産国にする！
⑤アウトソーシングをやめ、米国を製造大国に変える
⑥労働者への大幅減税、チップへの課税を廃止する！
⑦憲法、権利章典、そして言論の自由、信教の自由、武器を所持する権利などの基本的自由を守ろう
⑧第3次世界大戦を阻止し、ヨーロッパと中東の平和を回復し、わが国全土を覆う巨大なアイアンドーム・ミサイル防衛シールドを構築する
⑨アメリカ国民に対する政府の兵器化に終止符を打つ
⑩移民犯罪の蔓延を阻止し、外国人麻薬カルテルを解体し、ギャングの暴力を粉砕し、凶悪犯罪者を監禁する
⑪ワシントンDCを含むわが国の都市を再建し、安全で清潔で美しい都市を取り戻す
⑫軍隊を強化・近代化し、間違いなく世界最強の軍隊にする

⑬米ドルを世界の基軸通貨として維持する
⑭定年年齢の変更も含め、社会保障と医療保険を削減することなく守り抜く
⑮電気自動車の義務化を中止し、費用のかかる負担の大きい規制を削減する
⑯批判的人種論、急進的ジェンダー・イデオロギー、その他不適切な人種的、性的、政治的内容を子供たちに押し付ける学校への連邦政府資金を削減する
⑰女子スポーツから男性を締め出す
⑱ハマス過激派を国外追放し、大学キャンパスを再び安全で愛国的なものにする
⑲同日投票、有権者の身分証明、紙の投票用紙、市民権の証明など、選挙の安全を確保する
⑳新記録を達成することで、我が国を団結させる

注目しなければならないのは、この公約はトランプ氏が政権で取り組む「最初のミッション」に過ぎないことだ。すなわちトランプ・ドクトリンの表層に過ぎず、もっと深層がある。そのことを実証するために、公約が「20」に集約されるためのプロセスを整理していこう。

## 過激で表に出せなかった「プロジェクト2025」

トランプ氏が2024年大統領選に向けた「公約の原型」を発表し始めたのは2022年のことだった。それは「アジェンダ47」と名付けられ動画、あるいは声明によって構成されている。

トランプ氏は2024年の共和党予備選出馬に向けて、フロリダ州知事のロン・デサンティス氏、起業家のビベック・ラマスワミ氏、元サウスカロライナ州知事のニッキー・ヘイリー氏らと討論を続けた。ロン・デサンティス氏、ニッキー・ヘイリー氏は予備選のライバル候補という意味で、「共和党全体」でコンセンサスを取ろうとする意思が窺える。

トランプ陣営は公約作成過程で「アジェンダ47」を発表し始めた。「アジェンダ47」には、犯罪、教育、医療、移民、経済などに取り組むための多くの提案が含まれている。麻薬の売人への死刑判決。愛国心のある教師を認定する資格認定機関の創設といった、いわゆる保守層にとって注目を集めるアイデアが多く含まれていたのである。

ただし、例えば医療保険など民主党の目玉政策である社会保障部門については、対抗政策を打ち出さずに置き去りのままで、大統領選公約としてまったくの未完成だった。

次に発表された公約の「土台」とされるのが「プロジェクト2025」だ。これは、「2025大統領移行プロジェクト」として知られていて、保守系シンクタンクのヘリテージ財団が2023年4月に発表した。

建て付けは「シンクタンクの提言」だったが、民主党側はこれを「トランプ・ドクトリン」の原型と判断する。例えば「プロジェクト2025」では副大統領にJ・D・バンス氏を指名することが「提言」されている。

ヘリテージ財団の発表後、民主党側は「プロジェクト2025」に含まれるいくつかの極端な政策提案について「独裁制度の確立」などと警鐘を鳴らし、恐怖を煽り始めた。

情報戦で一方的にマイナスイメージのレッテルを貼られることを避けるため、トランプ氏も「プロジェクト2025」から距離を置く。とはいえ、900ページにも及ぶこの提言集作成に関わった人たちの多くは、トランプ氏本人やトランプ政権と繋がりがあった。「プロジェクト2025」は「トランプ・ドクトリン」の「コア（中核）」である。

こうして2024年7月、ミルウォーキーで開催された共和党全国大会に先立ち「アジェンダ47」のウェブページが、そのまま共和党全国委員会（RNC）の公式ページとして作り変えられた。トランプ氏はそれまでの「アジェンダ47」を「アメリカを再び偉大にするための20の核心的公約」に集約。その公約はそのまま共和党全国委員会で採用されることになったのである。

「Make America Great Again」――RNCは「アメリカを再び偉大にする」という、トランプ氏の掲げるスローガンをタイトルにして、共和党の公約として承認。「アメリカ・ファースト：常識への回帰」と題した公約の前文は、アメリカの歴史と精神を称え、現在の深刻な問題に対処するために、再び「アメリカン・スピリット」を呼び起こす必要があると主張する。

過去の偉業を振り返りながら、現在の政治家たちが国を衰退させたと非難し、トランプ前大統領のリーダーシップを称賛。そして、国境の安全、経済の復活、犯罪の撲滅などを通じて、アメリカを再び偉大にすることを目指すとした。まさにトランプ政権が目指す「アメリカ」が示されている。重要な一文だということで次ページに和訳した前文を掲載した。

## アメリカ・ファースト：常識への回帰

わが国の歴史は、アメリカを世界史上最も偉大な国家に築き上げるためにすべてを捧げた勇敢な男女の物語で満ちている。何世代にもわたるアメリカの愛国者たちは、強さ、決意、祖国愛といったアメリカン・スピリットを呼び起こし、克服不可能と思われた試練を乗り越えてきた。米国民は、われわれがいかなる障害にも、またわれわれと敵対するいかなる勢力にも打ち勝つことができることを、幾度となく証明してきた。

共和制の黎明期、建国者たちは、当時世界最強の帝国を打ち破った。20世紀、アメリカはナチズムとファシズムを打ち負かし、44年にわたる冷戦の末、ソビエト共産主義に勝利した。

しかし今、アメリカは深刻な衰退の中にある。私たちの未来、私たちのアイデンティティ、そして私たちの生き方そのものが、かつてないほどの脅威にさらされている。この国を明るい未来へと導こうとするならば、過去のあらゆる試練を乗り越えてきたアメリカン・スピリットを今一度呼び起こさなければならない。

何十年もの間、私たちの政治家たちは、不公正な貿易協定とグローバリズムの奏でる「サイレンの歌」への盲信によって、私たちの雇用と生活を海外に高値で落札した。彼らは批判や自らの悪行がもたらす結果から自らを隔離し、国境が蹂躙され、都市が犯罪に蹂躙され、司法制度が武器化され、若者たちが絶望と絶望の感覚を身につけるのを許してきた。彼らは私たちの歴史と価値観を否定した。簡単に言えば、彼らは私たちの国を破壊するために全力を尽くしたのだ。

2016年、ドナルド・J・トランプ大統領は、アメリカ国民の率直なチャンピオンとして選出された。彼はアメリカン・スピリットを再燃させ、国家としての誇りを新たにするよう呼びかけた。彼の政策は、歴史的な経済成長、雇用創出、アメリカ製造業の復活に拍車をかけた。トランプ大統領と共和党は、数十年にわたる失敗したリーダーシップによって引き起こされた悲観主義からアメリカを脱出させ、アメリカ国民がこの国に再び偉大さを求めていることを示した。

しかし、バイデン政権が4年近く続いた後、アメリカは今、猛烈なインフレ、国境開放、犯罪の横行、子供たちへの攻撃、世界的な紛争、混乱、不安定に揺れている。

私たちの前にこの国を築き、守った英雄たちのように、私たちは決してあきらめない。私たちは、人民の、人民による、人民のための国家を取り戻す。我々は、アメリカを再び偉大にする。

私たちは、真実、正義、常識に基づく国家となる。

トランプ大統領の言葉通り、「国境がなければ、国は存在しない」ことは、常識的に考えて明らかだ。賢明な国境警備と移民政策を取り戻すには、多くのステップが必要である。トランプ大統領が着手した国境の壁を完成させることで、南部国境を確保しなければならない。すでに数百マイルが建設され、見事に機能している。残りの壁の建設は、迅速かつ効果的に、そして安価に完了させることができる。そして、ジョー・バイデンが意図的にわが国への侵入を促した何百万人もの不法移民を強制送還しなければならない。私たちは、最も危険な犯罪者を優先し、地元警察と協力することから始める。バイデンの移民侵略が私たちの国を変えることを許してはならない。阻止しなければならない。トランプ政権と共和党議会のもとでは、即座に敗北するだろう。

低インフレの国内製造業がなければ、わが国の経済、さらには軍事装備や物資までもが外国の言いなりになるだけでなく、わが国の町、地域社会、そして国民も繁栄することはできないことは、常識的に考えて明らかだ。共和党は、産業、製造業、インフラ、労働者の党としての原点に戻らなければならない。インフレを終わらせ、製造業の雇用を取り戻すというトランプ大統領の経済政策は、アメリカ経済とアメリカ人労働者が今必要としているだけでなく、彼らが今望んでいることでもある。

インフレを破壊し、物価を急速に引き下げ、歴史上最も偉大な経済を構築し、国防産業基盤を復活させ、新興産業に燃料を供給し、米国を世界の製造大国として確立したいのであれば、米国のエネルギーを解き放たなければならないことは、常識的に考えて明らかだ。我々は、「ドリル・ベイビー・ドリル」を行い、エネルギーに依存しない、さらには再び支配的な国になるだろう。米国の足元には、他のどの国よりも多くの金が眠っている。共和党は、その潜在力を私たちの未来に生かす。

強力な軍隊を持たなければ、自国の利益を守ることができず、敵対国のなすがままになることは常識的に明らかである。共和党の政策は、アメリカの軍隊が世界最強で最高の装備を持つようにすること、そして政府がその強大な力を、国益が脅かされる明確な場合にのみ、控えめに使うようにすることでなければならない。

共和党が万人のための平等待遇を支持しなければならないことは、常識的に明らかだ。同様に、共和党は政治的所属や個人的信条に関係なく、すべての人に法の平等な適用を保証しなければならない。最近の民主党主導の政治的迫害は、250年にわたるアメリカの原則と実践を破壊する恐れがあり、阻止しなければならない。

アメリカは、私たちの生存を脅かす核心的脅威、すなわち、破滅的に開放された国境、弱体化した経済、アメリカのエネルギー生産に対する不自由な制限、枯渇した軍隊、アメリカの司法制度に対する攻撃、その他もろもろに対処するために、政府のあらゆるレベルにおいて断固とした共和党のリーダーシップを必要としている。

私たちのコミットメントを明確にするために、私たちは米国民に「2024年 共和党綱領」を提示します！ この綱領は、私たちがホワイトハウスと上下両院で共和党の多数派を獲得した暁には、速やかに達成する以下の20の約束から始まる、将来を見据えたアジェンダです。

＊「ドリル・ベイビー・ドリル」とは、石油とガスを追加エネルギー源として掘削を増やす政策のスローガン

## アメリカ人にとっての「ドナルド・トランプ」とは

このように公約製作のプロセスを見れば「プロジェクト２０２５」こそが「20の公約」の深層であり、真相ということがわかるだろう。この中に繰り返し記載されているのが国境の安全保障、ＬＧＢＴ権利の抑制、エネルギー支配などだ。「20の公約」の深層にして真相に触れる前に押さえたいのが、アメリカ人にとっての「ドナルド・トランプ」とはなにかである。

その答えを導き出す前提として、現在、アメリカが「新南北戦争」にあるという認識が必要だ。しかも「新南北戦争」は２０１６年に開戦したというのが、私の主張である。「２０１６年」とは大統領選挙でドナルド・トランプ氏が勝利した年だ。そもそも泡沫候補に過ぎず、選挙資金も圧倒的弱者だったトランプ氏はなぜ選ばれたのかを、アメリカの政治史から導き出してみたい。

１９４５年の第二次世界大戦終戦から米ソ冷戦が始まった。両者は「核」という巨大暴力を拮抗させることで世界は安定する。一方でアメリカ国内では１９６０年代半ばから

「保守運動」が起こり、その結実としてレーガン政権が樹立。レーガン政権がソ連を疲弊させ、続くブッシュ政権で冷戦は終結した。

ソ連崩壊によってアメリカ一強の世界が再構築された中で、アメリカは新自由主義的価値観の国に生まれ変わって行く。1980年代以前からアメリカを苦しめてきたスタグフレーションに対して、新自由主義的メソッドが有効だったことが大いに手伝ったからだ。

今日のビジネスパーソンの皆さんを苦しめている「目標成果シート」や、「合理的成績目標の立案」などはもれなく「新自由主義的メソッド」によって生まれた。日本人の9割以上が嫌悪する竹中平蔵氏は、新自由主義の申し子である。

新自由主義普及以前は能力の高低にかかわらず「集団」を形成して、集団で成果を出せば、概ね「よし」とされていた。この昭和的牧歌的なシステムは「悪しき者」として駆逐されることになったのである。

同様の現象はアメリカでも起こった。アメリカ国内に多くいたのは陽気で、弱い人がいたら手助けをするようなフロンティア・スピリットを持った「古き良きアメリカ人」たちだった。

ところが新自由主義的価値観に従うと、労働者がアメリカ人である必要はまったくない。人種も国籍も関係なく、ただ「安くて優秀な人」を多く連れてきて競争をさせればいいということになる。その結果、大多数の「古き良きアメリカ人」は価値観を喪失し「さまよえるアメリカ人」となったのである。

## 2016年「新南北戦争」勃発

そのような「さまよえるアメリカ人」を苦しめたのは貧困だ。そうした「さまよえるアメリカ人」が多く住むのが五大湖周辺を中心とした工業地帯である。

2000年代から国際社会で台頭したのは中国だ。2011年には世界2位の経済大国となった。押し上げたのは「新自由主義」を是として掲げる民主党政権下のアメリカである。

中国が世界の工場となったことで、アメリカ国内から生産拠点が移り、工業地帯はまさに「ラスタ(錆びた)」状態となった。サプライチェーンの移転と共に、アメリカ国内には大量の「さまよえるアメリカ人」が生まれてしまった。

その「さまよえるアメリカ人」たちに「古き良きアメリカの価値観を取り戻そう」と呼

びかけた人物こそがドナルド・トランプ氏だ。トランプ氏は「さまよえるアメリカ人」の苦悩への解決を一言で表現した。それこそが、「アメリカを再び偉大に」(Make America Great Again＝MAGA)である。泡沫候補に過ぎなかったトランプ氏を「さまよえるアメリカ人」が支持。またたくまに共和党候補へと登り詰めたのである。

２０１６年の大統領選は新自由主義型社会の持続を訴えたヒラリー・クリントンと、「古き良きアメリカ」への回帰を訴えたトランプ氏の戦いだったということだ。結果はご存じのようにトランプ氏の勝利に終わる。それは新自由主義社会を歓迎する「新しいアメリカ人」と、「古き良きアメリカ人」の価値観の戦い――すなわち「新南北戦争」の始まりだ。

「南北戦争」とは「The Civil War」の訳語だ。直訳すれば「内戦」である。アメリカに内戦など起こっているか？ と疑問に思う人は、２０２０年5月の「ジョージ・フロイドの死」を端緒にした騒乱をどう説明するのか。

ミネアポリスで白人警官が黒人の前科者を逮捕時に殺害したことへの抗議運動が暴徒化。暴動は全米各所に拡大した。弾薬が奪われることから銃砲店はシャッターを閉じ、通販では銃弾が在庫切れを起こすほどの事態となったのである。

２０２０年のアメリカ大統領選でトランプ氏が敗北。翌２０２１年の政権交代を前に、トランプ氏の支持者らが「２０２０年のアメリカ合衆国大統領選挙で選挙不正があった」と訴えて、アメリカ合衆国議会（連邦議会）が開かれていた議事堂を襲撃したのである。

このようにアメリカは価値観の対立が「暴力」という形で噴出するようになっているのだ。「内戦状態」というのは決して大げさな話ではない。２０２４年の軽薄な破壊者と合理的現実主義者との分断は、私が示してきた通りだ。だからこそ２０２４年3月にトランプ氏が２０２４年大統領選について、

「わたしが選ばれなければ、血の海になるだろう。この国が血の海になる。少なくとも、だ」

と演説した。メディアの偏向によって「トランプの脅迫」のように伝えられ、受け取られているが、２０１６年以降のアメリカを的確に捉えた言葉だと私は考えている。

この認識を共有した上で「プロジェクト２０２５」を基に公約の深層を分析し、真相に触れていこう。

## 未曽有の移民作戦

前掲した「20の約束」の冒頭に登場するのが移民対策である。移民に寛容だったバイデン政権の移民政策のおかげで既存のアメリカ市民は労働機会を奪われ、労働コストでの競争を強いられた。非正規滞在者のおかげで治安は悪化し、社会コストは膨らむばかりである。

政権中にバイデン氏は移民政策を転換したが、移民問題の責任者がカマラ・ハリス氏である。無能によって手つかずのまま選挙に突入。対するトランプ陣営は最速に対応するべき最重要課題とした。

トランプ政権は前政権時代に行っていた「国境の壁」建設再開を約束している。現在海外に展開中の米軍を国境周辺に再配備し、南側からの移民の侵入を防ぐ。またイスラム教徒が多い特定の国からの入国禁止を復活させる。

このように侵入を防止する一方で、すでにアメリカ国内にいる非正規滞在者を広大な規模で一網打尽にする予定だ。国外追放を待つ間は、広大な収容所に留置するとされている。

「アメリカの現代史で見たことのない規模の移民攻撃となる」

選挙期間中にトランプ氏のアドバイザーが、この「電撃作戦」を準備していることを認めている。

この計画は2016年大統領選挙でも公約として掲げられていたが、モデルになっているのは1954年にアイゼンハワー政権が行った、移民の強制送還作戦だ。トランプ前政権では党内反トランプ派の反対が強く実現には至らなかった。

共和党トランプ一強の中で行われた2018年の中間選挙、2020年の選挙、2022年の中間選挙を経て、党内反トランプ派はほぼ一掃された。アイゼンハワー時代にすでに実行されたことから、法改正の必要もなく、即座に実行可能である。

トランプ政権は地元の警察官や保安官、アルコール・タバコ・火器・爆発物局の捜査官、麻薬取締局の捜査官を配置転換させて移民税関捜査局を拡充。さらに共和党の州（レッドステート）から志願した州兵も配備させる。

連邦議会が予算計上を拒否した場合は、軍事予算から転用。不法移民は拘束後にテキサス州の国境近くの大規模な収容所に連行され、そのまま送還される予定だ。

## 不法移民規制に年齢・性別は関係ない

不法移民作戦は年齢・性別に無関係で行われ、子供の無期限拘束を防ぐフローレス和解案を覆す厳しい対応を行う予定だ。また反イスラエル、あるいは親パレスチナのデモに参加した留学生のビザを停止。アメリカの難民プログラムを一時停止。望ましくない態度をとるとみなされた申請者のイデオロギー審査を拡大するよう米国領事当局に指示することとした。

特にアフガニスタン人に対しては厳しい対応を行う。

2021年、タリバンがアフガニスタンを占領したが、占領後、アメリカに移住したアフガニスタン人を含む米国在住の個人に対する一時的な保護資格を剥奪する。さらにアフガニスタンに協力した人々に対する一時的な保護資格を剥奪し、米軍がアフガニスタン人を「再調査」するという。

こうした短期的な移民対策とは別に、中長期的な移民政策も行う。現在、不法滞在者であってもアメリカで生まれた子供は、米国の市民権を自動的に得ることになっている。し

かし、トランプ政権では、

「不法滞在者の将来の子供たちが自動的に米国市民権を得ることはないことを連邦政府機関に明確にする」

という大統領令に署名する予定だ。この命令により、子供に米国籍を取らせるために、アメリカで出産する「バース・ツーリズム」とそれに伴う「連鎖的移民」を抑止することができる。

そもそも米国の市民権は「アメリカで生まれ、かつアメリカの『管轄権に服する』者にのみ及ぶ」ことが条件だ。「管轄権に服さない不法滞在者」の子供たちは「パスポートや社会保障番号を発行されるべきではなく、税金で賄われる福祉給付金を受ける資格もない」とトランプ側は主張する。またトランプ氏は２０２４年の大統領選期間中に、

「福祉は世界中から人々を引き寄せる巨大な磁石だ」

と繰り返し訴えている。政権成立後には不法移民への生活保護を廃止し、バイデン政権による仮釈放権の乱用を停止。不法入国者を公営住宅に入居できなくする措置を復活させ、不法入国者に対するすべての労働許可を停止する。

さらには議会に医療と社会保障に対し、「今後いかなる大統領も、このように福祉給付

金を分配する権限を乱用することを阻止する」法案を送るよう要求するという。

## 脱グリーン政策

「プロジェクト2025」では化石燃料の復活が繰り返し提言されている。すでに次期トランプ政権は「グリーン政策」を徹底して規制することが明らかになっている。欧州連合とバイデン政権が推進した「グリーン政策」こそが、インフレの原因であり、世界的な安全保障へのリスクを上昇させているからだ。

簡単にまとめれば現在のインフレは①コロナ禍における未曽有の金融緩和、②グリーン政策推進による化石燃料の新規投資停滞、③脱コロナ禍における急速な経済活動再開、④産油国ロシアのウクライナ侵攻、イスラエル―ガザ戦争による産油地のリスク上昇などが複合的に重なったことが原因だ。原油価格の上昇に比例して国力が強化されるロシアの脅威が、安全保障を脅かしている。

トランプ氏は長年にわたり、気候変動に対して様々な疑義を呈してきた。「X」がTwitterだった2011年から2015年の間、トランプ氏は気候変動を否定するツイートを合計115回行っている。

2016年の選挙戦当初、トランプ氏は、気候変動のロジックはデマであり、中国が気候変動の神話を利用してアメリカより優位に立とうとしている、環境保護主義者は気候変動を利用している、と述べている。

ただしトランプ氏はインタビューなどで、気候変動が発生していることを否定はしていない。「何かが変化している」としながら気候変動が人類によって引き起こされていることには疑問を呈し続けているのだ。気候変動は自然のサイクルの一部であり、「戻る」可能性があると推測し、科学者には政治的意図があると主張し続けている。

2016年大統領選と同様に、2024年大統領選でもトランプ氏は気候変動否定を掲げ、演説では、

「ドリル、ベイビー、ドリル」

「ドリル、ドリル、ドリル」


と繰り返している。「ドリル、ベイビー、ドリル」とは、石油とガスを追加エネルギーとして掘削を増やす政策のスローガンで、バイデン政権とは真逆に公有地での石油掘削を激増させる方針だ。石油、ガス、石炭の生産者に減税措置を提供することを約束してい

る。

さらにアメリカを世界一のエネルギー生産大国にして、アメリカを世界のどの国よりも電気代とエネルギー代が安い国にするという目標を掲げた。

## EV車強要政策を中止

このエネルギー政策の一環として電気自動車（EV）構想を撤回。2030年までに新車の54％を電気自動車にすることを義務付ける排出規制案を取り消す。電気自動車を支援する政策を取り消し、メキシコから輸入される電気自動車に100％の関税を追加する方針だ。

ご存じのようにEVメーカー、テスラのCEOであるイーロン・マスク氏は2024年大統領選でトランプ氏を応援した。このことと「脱EV」の整合性に疑問を抱く人は多いだろう。

すでにテスラはEV開発技術で大幅に先行している。トランプ氏のEV規制によって困るのは中国やメキシコなどのポンコツ新興メーカーで、相対的にテスラ車の競争力は強くなることになる。

日本にとって追い風なのは、ＥＶシフトに懐疑的だったトヨタだ。そもそも欧州の「グリーン政策推進」は、トヨタのハイブリッド技術に対抗できない欧州自動車メーカー救済が目的である。トヨタ潰しの障壁がなくなることで、日本経済にも好影響を与えることが期待されている。

トランプ政権が前政権時と同様にパリ協定から離脱することは既定路線だが、風力発電補助金の廃止、白熱電球・ガスコンロ・食器洗い機・シャワーヘッドを対象とした規制の撤廃を提案している。特に再エネについては厳しい対応をとることが確実視されていて、大統領就任「初日から」すべての洋上風力発電プロジェクトを停止すると宣言しているほどだ。

気候変動枠組条約からアメリカを離脱させる大統領令草案は、選挙期間中からすでに作成済みである。前政権中に地球温暖化排出量を削減するために策定された１２５以上の環境規則や政策を取り消したので、今回も同様のことが行われるだろう。

なお、公約には組み込まれていないが、環境保護庁への資金提供の削減、環境保護庁の閉鎖を陣営内では計画している。また、エネルギー省の再生可能エネルギー部門をすべて廃止することは公言済みだ。

アメリカでは２０２４年３月に米証券取引委員会が、気候変動に関する情報開示を義務付ける規則を承認したが、トランプ政権はこれを廃止する。気候変動リスク、気候変動リスク管理方針、上場企業によるカーボンフットプリント（製品、サービス単位の二酸化炭素排出量を可視化する仕組み）会計などもすべて廃止。さらに企業に対しては、環境、社会、コーポレート・ガバナンスの要素を考慮せず、金銭的利益のみを追求するよう求めていく。

## 「白人であることが罪」という教育

このように整理するとわかるのが、欧州、バイデン政権の「グリーン推進」によって、「不毛な無駄」が強要されていた事実だ。合理的現実主義者の皆さんにとって無駄で意味不明なことを強要するのが「リベラルの狂気」だ。

その「リベラルの狂気」に誘引されるのが「進次郎層」や「カマラ・ハリス層」である。「常識への回帰」を掲げるトランプ政権は、こうした層を生み出す温床である「過度にリベラル偏向した教育」の制度改革に取り組む。

アメリカでは「批判的人種理論（Critical Race Theory）」に基づいた教育が行われて久しい。「批判的人種理論」とは1980年代にアメリカの法制度への批判から導き出された。人種差別は単に「個人の偏見」によって生み出されるわけではなく、社会的・制度的な要因によっても生み出されていると「批判的人種理論」は主張する。すなわち人種差別は普遍的かつ恒常的にアメリカの法律や制度が生み出しているというのだ。

この考えに基づくと、人種差別を撤廃するには社会そのもの、法律そのもの、国家構造そのものを変革しなければならないことになる。

「批判的遵守論」が社会に浸透した結果、白人たちの間に芽生えたのが「白人であることが罪」という認識だ。特に悪名高いテロ集団、ＢＬＭはこの考え方を助長していて、教育にまで影響を与えている。

多くの白人が責められ自尊心を傷つけられていることに対して強く反発しているが、その声も「リベラル」の前にかき消されてきた。そこでトランプ氏は、日本の文科省にあたる米教育省を、

「急進的な狂信者とマルクス主義者が浸透している」

として、同省の廃止を約束している。

岸田政権が対応策を取らずに外国人労働者を急拡大した影響で、「日本人であることが罪」という認識の助長が、今後日本で起こる可能性は高い。実際に、イスラミックによる行政への土葬の強要、あるいはハラル給食の強要が起こっている。そうならないためにも、アメリカの教育の現実とトランプ政権の対応を知ることは重要だ。

雇用流動性が高く労働市場競争が激しいアメリカにあって数少ない「終身雇用」が行われている職業が教職だ。例えばカリフォルニア州では教育法典内の条項によって教職2年目の3月までに教職契約が解除されたことを「知らされなかった」教員には、「終身雇用」の権利が与えられる。結果的に能力の低い教師が一定数存在し続けることになり、そのことに対する反対運動も起こっているのだ。

そこでトランプ氏は幼稚園から12年生までの教師の終身在職権を廃止し、能力給を採用する州や学区に優遇資金と待遇を与えるよう制度変更を行う。また、採用の部分でも愛国心に基づいて教師を認定する新しい方法を作る。

またトランプ陣営は、「反白人人種主義」に対抗するため、マイノリティに対する既存の保護を修正する。大統領就任後に「白人優遇は人種差別である」というイズム流布のために設計された政府やアメリカ企業のプログラムを撤廃したり、根底から覆したりすることを推し進めるよう、司法省改革を行う。

## 多様性教育への資金を遮断

さらに教育の現場からＤＩＥを駆逐する見込みだ。

前述したがＤＩＥとは、多様性（ダイバーシティ＝Ｄ）、包摂性（インクルージョン＝Ｉ）、公平性（エクイティ＝Ｅ）の頭文字を合わせた合成用語だ。この「ＤＩＥ」が現在のアメリカの教育現場に広く蔓延していて、伝統や文化に基づいた「常識」を批判するキャンセルカルチャーを産む温床になっている。アメリカにはＤＩＥを担当する学校管理者が配備されている。

トランプ氏は教育現場のＤＩＥ担当者を「無駄」として数を大幅に削減し、保護者による校長の直接選挙を採用するようにする方針だ。ＤＩＥを高めるために考案されたバイデンの大統領令を取り消すことも明言した。

さらにトランプ氏は教師による武器携帯を支持し、学校が武装した教師を雇うための資金を提供することを表明。大学に対して「アメリカの伝統と西洋文明」の教育を進め、多様性プログラムを粛清し、公立学校での祈りを推進する。また、「愛国教育」普及のために戦うと述べている。トランプ氏は、「批判的人種論、ジェンダー・イデオロギー、あるいはその他の不適切な人種的、性的、政治的内容を子供たちに教える」プログラムに対する連邦政府資金を削減することを訴えている。

その一方でトランプ氏は「人種差別を行う」学校に対して連邦公民権裁判を起こすよう司法省に指示する予定だ。この「人種差別」とは反ユダヤを指すとされていて、「公平性を装った差別」を続ける学校には寄付金に課税し、予算調整を通じて寄付金の全額まで罰金を科す措置を進める。差し押さえた資金の一部は、こうした違法・不当な政策の犠牲者への賠償金として使うとしている。

連邦教育省に入り込んだ過激派を排除すること、女性スポーツから男性を締め出すことも約束している。一連の教育改革について選挙期間中にトランプ陣営の報道官は、「学校選択へのアクセスを増やし、親が子供の教育に発言権を持てるようにし、優秀な教師を支援することで、トランプ氏はすべての生徒の学業の優秀さを向上させるだろう」と解説した。

## ＬＧＢＴが表現の自由を侵害

トランプ氏はトランスジェンダーの権利の後退も約束している。トランプ氏が特に問題にしているのは１９７２年の教育改正によって制定された「タイトルⅨ」についての拡大解釈である。

この「タイトルⅨ」とは連邦政府から資金援助を受けている学校やその他の教育プログラムにおいて、性に基づく差別を禁止する。ところがオバマ政権が「タイトルⅨ」の対象を生物学的性別だけではなく、性自認、トランスジェンダーにまで拡大するとしてしまった。この拡大解釈の結果、ＲＯＧＤという現象が問題視されるようになる。

ＲＯＧＤはRapid Onset Gender Dysphoriaの略で、「急速発症性ジェンダー不安」と訳される。若者の一部が、何の兆候もないのに、突発的にトランスジェンダーを自称し、トランスジェンダーとして振る舞い始めることを指す。

このＲＯＧＤを取材した本が、２０２０年に刊行されたウォール・ストリート・ジャーナルの記者、アビゲイル・シュライアー氏による『Irreversible Damage: The Transgender

Craze Seducing Our Daughters』である。原題を直訳すると、「取り返しのつかないダメージ：娘たちを誘惑するトランスジェンダーの流行」だ。

同書ではＲＯＤＧをＳＮＳに影響を受けやすい若年層の間で広がる「社会的伝染病」と指摘。トランスジェンダーになったことを後悔する若い女性、苦悩する両親、医師らを取材。乳房切除手術などを行えば後戻りは容易ではないと主張している。

同書は12万部発行され、10カ国語に翻訳され、英タイムズ紙や英サンデー・タイムズ紙、英エコノミスト紙の「年間ベストブック」にも選ばれた。

ところが株式会社ＫＡＤＯＫＡＷＡ学芸ノンフィクション編集部が『Irreversible Damage:――』の翻訳本『あの子もトランスジェンダーになった　ＳＮＳで伝染する性転換ブームの悲劇』を２０２４年１月24日に発売することを告知したところ、ＳＮＳ上で批判が起こる。結果、同部は２０２３年12月５日、刊行中止を発表した。

結局同書は『トランスジェンダーになりたい少女たち　ＳＮＳ・学校・医療が煽る流行の悲劇』というタイトルで２０２４年４月３日に産経新聞出版が発売することになった。この表現の自由を侵害した一件で、日本社会にもＬＧＢＴ運動の危険性が広く共有されるようになったのである。

## 政府が認める性別は「男女」だけ

オバマ政権に続いたトランプ前政権は、男女別の施設へのアクセスに関する問題は、州や地元の学区の決定に委ねられるべきだとした。その上で、トランスジェンダーの若者が自分の好きなバスルームを利用できるようにするための「タイトルⅨ」の保護を削除し、医療費負担適正化法のトランスジェンダー保護を撤回する措置をとったのである。

ところがバイデン政権は「タイトルⅨ」に従ってトランスジェンダーの生徒が自分の性自認に沿ったバスルーム、ロッカールーム、代名詞を使用することを認めた。選挙期間中からトランプ氏は、バイデン政権が定めた「タイトルⅨ」の保護対象拡大を「大統領就任初日に取り消す」としている。

トランプ氏は、合衆国は出生時に決定される2つの性別しか認めないと訴えた。政府が認める性別は男性と女性のみであり、それらは出生時に割り当てられるという法案可決を目指す。さらに、ジェンダーを肯定する医療を取り締まると約束。トランプ氏は、移行期のホルモン剤や手術を提供する病院や医療提供者は、メディケアやメディケイドを含む連邦政府の資金援助を受ける資格がなくなると明言している。

またトランプ氏は教育の現場への「タイトルⅨ」の拡大解釈浸透について、「間違った身体に閉じ込められている可能性を子供に示唆した教師に対して、厳しい結果を与える」とした。トランスジェンダーである可能性を子供に示唆する教育者に対しては、連邦政府からの資金援助から排除されることを、州や学区に通知する方針である。

あらゆる種類のジェンダーを肯定するケアを終了させ、あらゆる連邦政府機関に対し、「何歳になっても」性と性別の移行という概念を推進するすべてのプログラムを中止するよう指示する方針だ。従わない場合、連邦政府からの資金提供を停止。さらに、それに参加する病院や医療提供者は、メディケイドとメディケアのための連邦政府の健康と安全基準をもはや満たさないと宣言し、プログラムから終了させる。

さらに、これらの処置を行った医師を訴える方法を作り、司法省に製薬会社や病院が「弱い立場の患者を犠牲にして金持ちになるために『性転換』の恐ろしい長期的副作用」をカバーしたかどうか、ホルモン剤や思春期阻害剤を違法に販売していないかどうかを調査するよう指示するという。

## 大統領権限の拡大

ここまで「20の公約」の深層を、土台になった「プロジェクト2025」に基づきながら整理した。トランプ政権の作る近未来社会の実像も見えてきたはずだ。これは2000年以降から20年以上をかけて、「リベラル」という価値観に基づいて構築されてきたアメリカ社会の再編、という大事業である。革命に近い改革を行うために、なければならないのが大統領のパワー、すなわち「権限」である。

図表6-2に「アメリカの政治制度」を掲載したが、アメリカでは議会が予算や法案、政策を作っていて、ホワイトハウスは行政の委任担当に過ぎない。大統領に与えられているのは「拒否権」で、それさえも乱発すれば支持率の低下を招く。「核ボタンを持っている」ということで、日本では誤解されがちなのだが「アメリカ大統領」の権限は想像より遥かに小さい。

アメリカ社会の再編を目指すトランプ氏にとって、改革のために大統領権限の拡大は必要だ。そこでトランプ氏は「ユニタリー・エグゼクティブ理論」に基づいて大統領権限の

図表6-2 アメリカの政治制度

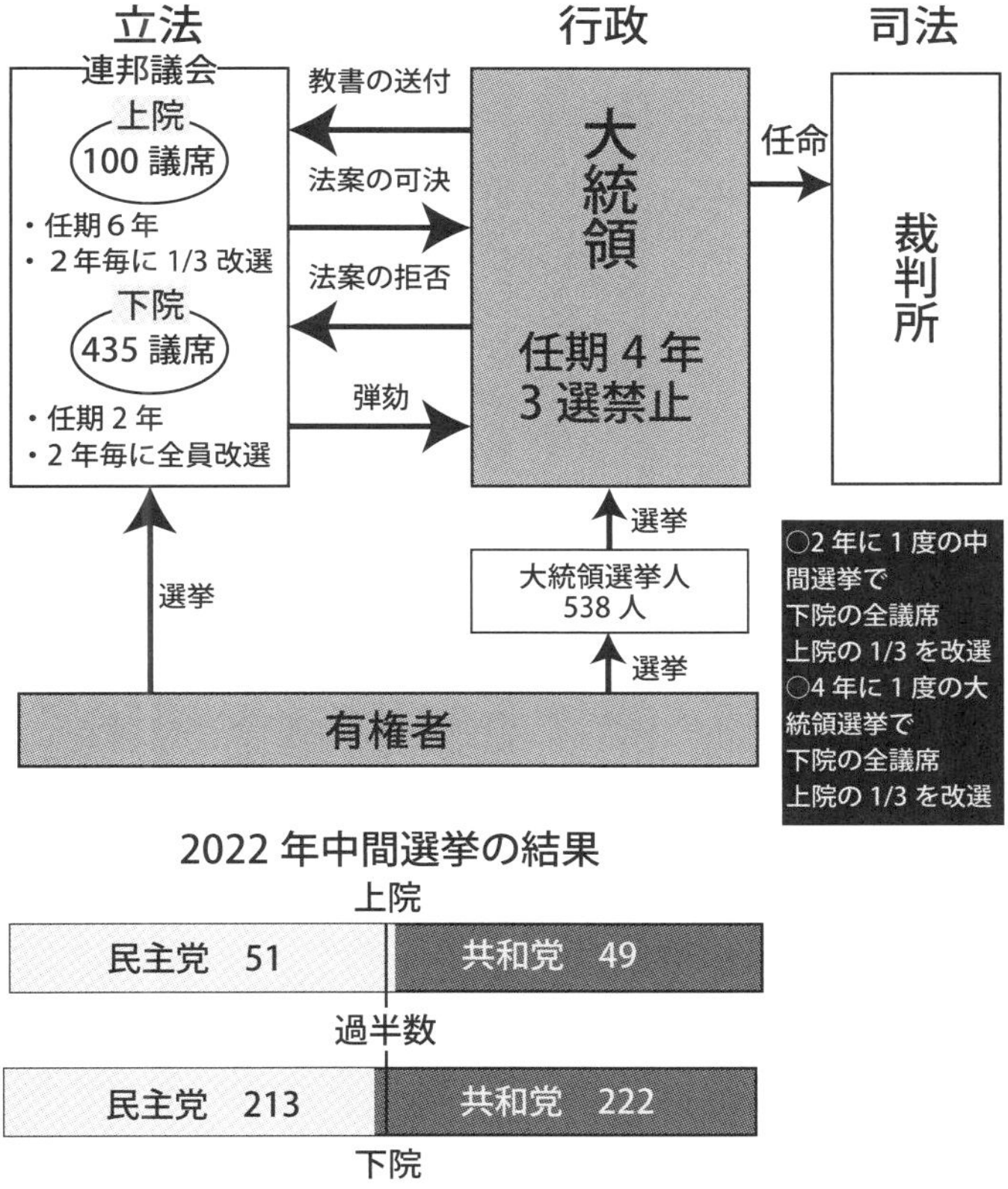

拡大を計画している。

ユニタリー・エグゼクティブ理論とは「一元的行政権論」と訳されていて、政府に対する、より大きなコントロールをホワイトハウスに集中させることを目的とした、大統領権力の拡大解釈だ。

この拡大解釈を可能にするためには司法の力が必要だ。レーガン政権以来、最高裁判所は、より強力な単一行政を受け入れており、それを主に支持するのは保守派の判事だ。司法面については、前政権時代に対応済みである。

トランプ氏が大統領だった2016年、最高裁判事はリベラル派が4人、保守派が4人と拮抗していた。しかし就任中に保守派判事を指名したことで、離任時には保守派6人、リベラル派が3人と、保守派の優勢となり現在に至っている。

ユニタリー・エグゼクティブ理論を司法が支持する可能性は高い。トランプ氏は選挙演説の中で、

「政府の権力を自分の権限に集中させ、連邦公務員のキャリア職員に取って代わる」

と述べている。連邦通信委員会や連邦取引委員会などの独立機関を大統領の直接管理下に置き、すべての独立機関にホワイトハウスへの審査提出を義務付ける大統領令を発令す

るという。

さらに連邦政府機関、米国情報機関、国務省、国防総省において、何千人ものキャリア公務員を対象として、雇用保護を撤廃するよう要求。「自分のアジェンダの障害」と見なした場合には、政治的忠誠心の高い職員と入れ替えることを提案している。

前政権時代にはメディアへのリークによって改革を阻害されることが多々あったこともあり、法律で保護されている内部告発者を取り締まり、監視する独立機関を創設するという。

## 政府主導で為替操作を可能に

大統領の権限拡大がなければ成立しない公約の一つが、「米ドルを世界の基軸通貨として維持」することだ。その実現のためにトランプ陣営が考えているのは中央銀行への介入だ。

現代の先進国で、「中央銀行が中央政府から独立している」というのは建前に過ぎない。中央政府の中央銀行への事実上の介入は、どの国でも行っている。ただしトランプ氏の目指す「介入」は、「事実上」ではない。

２０２４年４月26日付のウォール・ストリート・ジャーナル紙は、トランプ氏が選挙で勝利した場合、トランプ陣営が連邦準備制度理事会（ＦＲＢ）の独立性を大幅に制限する計画であると報じた。特に注目されるのは、大統領が直接金利を決定できるようにする計画と、ジェローム・パウエル議長を任期前に解任する計画である。

パウエル議長は２０２６年に期限切れとなり、ＦＲＢは米行政管理予算局（ＯＭＢ）の監督下に置かれることになる。ＯＭＢを通じてＦＲＢをコントロールすることができるのだ。

実は中央銀行への介入は前政権時代の２０１８年7月に問題になっている。当時のＯＭＢ局長がＦＯＸニュースとのインタビューで、トランプ氏の介入を問われ、

「そのようなことはない。実際、今回のことは初めて耳にした」

と応じた。ところが２０２４年8月、マー・ア・ラーゴで開かれたトランプ陣営の会議で、ＦＲＢの金利決定に関してトランプ氏自身が、

「大統領は少なくとも（金利決定に）発言権を持つべきだと（感じている）」

と述べていたことが明らかになっている。

## 世界同時多発分断に取り残される日本

ここまで述べたように、2024年のアメリカ大統領選は「ポスト・リベラル」実現に向けて、ラディカル（急進左派）的手法か、保守的手法を選択する選挙だった。このムーブは欧州でも起きようとしている。

2024年6月6日〜9日にかけてEU欧州連合では5年に1度の欧州議会選挙が行われた。定数720のうち、これまでのEU政策を支持する親EU勢力が過半数を維持したものの、EUに懐疑的な右派・極右勢力が伸長したからだ。

しかも右派・極右の躍進は、EUの盟主であるドイツ、フランスの内政でも起こっている。リベラルを盲信した結果、発生したのがウクライナ侵攻による地政学的リスクの拡大、エネルギー危機、そしてインフレーションである。リベラルは常に「夢想」を提供するが、厳しい現実が眠れる欧州を叩き起こした。

欧州各国における右派台頭の傾向はしばらく続くだろう。ただし、それは「軽薄な破壊者」と「合理的現実主義者」の「分断」の始まりでもある。そのことを実証しているのがアメリカだ。
ＡＰ通信社によると、２０２４年11月14日時点での２０２４年アメリカ大統領選得票率はトランプ氏50・２％に対してハリス氏は48・１％である。アメリカの選挙制度において得票率は無意味だが、民意を示す指標と言えるだろう。総取り方式であるがゆえにトランプ氏は「全体」で勝利したが、得票率が示す民意はほぼ拮抗していて、分断が続くことを示す。

すなわち「新南北戦争」は継続するということになる。

この、世界で同時多発的に起こった「軽薄な破壊者」と「合理的現実主義者」との戦いに、完全に周回遅れとなっている危機的な国が日本である。その原因は岸田文雄氏、石破茂氏という一個人の「嘘」と「裏切り」だ。２０２４年衆院選で歴史的惨敗をしたことで党内勢力バランスが崩れ、即時の党内浄化さえできずに硬直することになった。大敗の戦犯も、戦犯を生み出した主犯に対しても表だって批判するものさえいない。

岸田政権下で自民党は腐敗し、その劣化は深刻である。

安倍晋三元総理を「シンゾー」と慕ったトランプ氏が、安倍元総理が嫌っていた石破茂氏を受け入れるかは疑問だ。ビジネスマンのトランプ氏がビジネスとして石破氏とやりとりすることはあるかもしれない。だが、その時、トランプ氏のディール（交渉）に、石破氏が応じられる能力があるとは思えない。

何より政権交代した共和党は石破体制のチェンジを要望する可能性もある。実際、稲田朋美氏が防衛大臣を務めていた時、当時のトランプ政権は、その無能ぶりに交代を要求したからだ。もはや外圧に期待しなれば、歴史的敗北の将を降ろすことさえできないのが今の自民党の現実である。

２０２５年1月20日にトランプ氏が大統領に就任したその日から、アメリカ社会は劇的な転換を迎える。アメリカがクシャミをすれば、日本が風邪を引くのが日米関係だ。ポスト・リベラルに向けて日本に必要なのは強いリーダーと、政治の成熟だ。

本書を通じて日本が存亡の危機にあるという認識を持って欲しい。改めて「保守」を再考し、合理的現実主義者が一人でも増えることが私の願いである。

# おわりに

まず本書を購入してくれた読者の皆さんに感謝を伝えたい。

２０２４年アメリカ大統領選直後、トランプ政権を金融市場は高評価した。ただし、この傾向が持続するかの意見は二分している。イデオロギーに囚われると「願望」を「未来予測」に組み込みがちだが、マネーの世界は常に冷静で合理的に現実を見るからだ。

このような不透明な状況にあって、数少ない確定事項の１つが、石破茂氏にトランプ氏のディールに応じる能力はないという事実だ。前回の就任時にトランプ氏に対応したばかりか、日米関係を発展させることができたのは、安倍晋三元総理を中心とした外交・安全保障グループの能力によるところが大きい。

「脱・石破」と、当時に匹敵するレベルの新たな外交・安全保障政策集団の形成が待たれる。

「悪夢の石破政権」に墜ちてしまった政治の世界で１つ希望があるとすれば、２０２４年衆院選での自民党の歴史的敗北と、その裏側で起こった保守系野党の躍進だ。政治を鍛えるのは与党の敗北と野党の躍進である。民主党と政権交代をしたからこそ、自民党は「安倍時代」という黄金期を迎えることができたではないか。

保守系野党が存在感を示すことによって、日本政界に新たな保守の形が作られることを期待したい。繰り返しになるが、本書を通じて有権者の皆様が正しい選択ができるようになることが、私の願いである。

2024年12月

猫組長（菅原潮）

【著者略歴】

猫組長（菅原潮）

1964年生まれ。兵庫県神戸市出身。元山口組系組長。評論家。本名、菅原潮。大学中退後、不動産会社に入社し、その後、投資顧問会社へ移籍。バブルの波に乗って順調に稼ぐも、バブル崩壊で大きな借金を抱える。このとき、債権者の1人であった山口組系組長を頼ったことでヤクザ人生が始まり、インサイダー取引などを経験。石油取引を通じて国際金融の知識とスキルを得る。現在は引退して評論、執筆活動などを行う。『アンダー・プロトコル：政財暴一体で600億円稼いだ男の錬金哲学』（徳間書店）、『カルト化するマネーの新世界』『ダークサイド投資術』（以上、講談社+α新書）、『正義なき世界を動かす シン地政学』『反逆せよ！愛国者たち』（以上、ビジネス社）など著書多数。

メルマガ
政治・経済　猫組長POST
https://nekopost.theletter.jp/

金融・投資　NEKO TIMES
https://neko.theletter.jp/

動画
猫組長チャンネル
https://ch.nicovideo.jp/nekokumicho

「軽薄な破壊者」との戦い

2025年1月1日　　第1刷発行

著　者　猫組長（菅原潮）
発行者　唐津 隆
発行所　株式会社ビジネス社
〒162-0805　東京都新宿区矢来町114番地 神楽坂高橋ビル5F
電話　03(5227)1602　FAX　03(5227)1603
https://www.business-sha.co.jp

〈装幀〉HOLON
〈本文組版〉有限会社メディアネット
〈印刷・製本〉中央精版印刷株式会社
〈営業担当〉山口健志
〈編集担当〉中澤直樹


ISBN978-4-8284-2686-0